Geburtstag mit Goethe
Eine Autobiographie

Für Sebastian und Alexander

Geburtstag mit Goethe

Eine Autobiographie

Jürgen M. Hofmann

Weitere Aufsätze und Geschichten von mir auf meiner homepage unter: www.jmhofmann.de

Meine Wortpatenschaft: trotzdem

©2018
Herstellung und Verlag: BoD – Books on Demand, Norderstedt.
ISBN: 9783752817232

Inhalt

Vorwort

Anlass für diese Notizen über Erinnerungen aus meinem Leben war das Interesse meiner Söhne an der Zeit vor ihrer Zeit. Bei dieser Gelegenheit fiel mir wieder ein, wie begierig ich einst selbst auf Erzählungen „von früher" war. Damals, ich war so 12 oder 13 Jahre alt, konnte ich nicht genug davon hören. Am schönsten war es, wenn wir nach dem Abendessen in der Dämmerung noch in der Küche saßen. Während sich mein Vater am Küchentisch mit seinem Taschenmesser bedächtig Äpfel schälte, die er mit großem Genuss verzehrte, erzählte er gelegentlich aus seinem Leben. Mir war nicht so sehr nach gesunder Kost, ich wollte Schilderungen vom Leben früher, aus der Kindheit und Jugend meiner Eltern hören. Wobei ich von meiner Mutter wenig erfuhr; sie beschränkte sich, während sie mit dem Aufwasch oder mit Nadel und Faden beschäftigt war, auf ergänzende Bemerkungen und redete sonst lieber über aktuelle Ereignisse von der Arbeit und über die Nachbarn. Vater berichtete gern von seinem geliebten Dornhennersdorf, wo er geboren und aufgewachsen war, und von seiner Arbeit auf den verschiedenen Baustellen. Dabei schwang immer etwas Stolz in der Stimme: was er als Zimmermann alles schon gemacht hatte, woran er mitgebaut hatte, was davon noch immer funktionierte und von seiner Hände Arbeit zeugte.

Erschreckend musste ich nun mehr als fünfzig Jahre später feststellen, dass ich das Meiste von seinen Berichten vergessen habe. Um nun etwas gegen den Verfall meiner eigenen Erinnerungen zu tun und damit meine Kinder später einmal nachschlagen können, was ihre Vorfahren denn für Leute waren, wie das „früher" so alles vor sich ging, entschloss ich mich aufzuschreiben, woran ich mich noch erinnern kann und was die beiden Jungen noch nicht bewusst erlebt haben.

Meine Großeltern

Die Dokumentation der Lebensdaten meiner Vorfahren erscheint allerdings so mühsam, dass ich mir Nachforschungen bislang erspart habe. Meine Eltern und deren Eltern stammen aus Dörfern östlich der Neiße. Nicht genug damit, dass die Bevölkerung erstmals 1945 unmittelbar nach Ende des 2. Weltkrieges und dann 1947 endgültig aus ihrer Heimat vertrieben wurde nachdem das Land polnisch geworden war, später verschwanden diese Dörfer weitestgehend unter den Abraumhalden des Braunkohlentagebaus Turow. Das Auffinden amtlicher Dokumente ist also unwahrscheinlich, zumal die herbeigezogene neue polnische Verwaltung kaum Papiere von den verhassten Deutschen aufgehoben hat, wie mir zu Ohren gekommen ist. Wie ich später in Erfahrung bringen konnte, sind nicht nur die behördlichen Unterlagen abhanden gekommen, auch die kirchlichen Register, die schon vor 1800 geführt worden waren, sind "verschollen". Für die hier bedeutsamen Orte Dornhennersdorf, Seitendorf und Weigsdorf gibt es nicht einmal Kopien. Die Beschreibung der damaligen Verhältnisse basiert also vorwiegend vom Hörensagen, ergänzt durch oft zufällig gefundene Schriftstücke und Bilder.

Meine Mutter Gertrud Hildegard lebte von 1912 bis 1982. Sie stammte aus Seitendorf, das seit 1945 Zatonie heißt. Der Ort hatte damals etwa 2500 Einwohner. Die meisten waren wie meine Mutter katholischer Konfession, weil das meiste Land dem Zisterzienser-Kloster St. Marienthal nahe Ostritz gehörte. Die denkmalgeschützte katholische Maria-Magdalenen-Kirche aus dem 13. Jahrhundert sollte 1989 restauriert werden, seit 1992 fanden darin keine Gottesdienste mehr statt. Im Sommer 2011 wurde sie von einem vermutlich fahrlässig verursachten Brand vollständig zerstört. Es gab allerdings auch eine evangelische Kirche im Ort sowie eine kleine evangelische Schule. Ein kleiner Teil der Seitendorfer Flur gehörte zu Hirschfelde, später Zittau.

Gertrud war die Tochter des Bergarbeiters Franz Wittig und seiner Frau Martha.

Franz wurde 1883 als jüngstes von mindestens zehn Kindern seiner Eltern, die zu einer Bäcker- und Müllerdynastie im Dorfe gehörten, geboren. Er lebte bis 1972. Nach seiner Geburt hatte die Hebamme auf baldige Taufe, möglichst schon am folgenden Tage, gedrängt, da der Neugeborene derart mickrig sei, dass er die nächsten Tage kaum überleben werde. Nun, er wurde fast 90 Jahre alt, älter als

8

alle seine Geschwister. Später ist er wohl vor allem wegen seiner hochgewachsenen schlanken Statur und seiner prächtigen Gesundheit vom Militär zur Garde nach Dresden geholt worden. Als Garde-Reiter in der ältesten deutschen Kavallerieeinheit, dem Königlich Sächsischen Garde-Reiter-Regiment in Dresden, durfte er vor allem zur Repräsentationszwecken und beim Behüten der königlichen Familie vor den Toren des Taschenberg-Palais seine schmucke blaue Uniform mit weißem Federbusch am Helm tragen. Gelegentlich hatte er als Reservist auch an Herbstmanövern teilzunehmen und freute sich beim Ritt querfeldein über das Geräusch der von eiligen Pferdehufen zermatschten Kohlköpfe unter sich. Im Ersten Weltkrieg war Franz nach der Mobilmachung mit seiner exquisiten Truppeneinheit glücklicherweise nicht in Kampfhandlungen verwickelt, sondern nahm nur an Patrouillen- und Meldediensten teil. Vermutlich als Bestandteil der Heeresgruppe F zur Unterstützung des verbündeten osmanischen Reiches kam er bis nach Konstantinopel.

Als Bergarbeiter brach er weniger mit Hammer und Schlegel als mit Hacke und Schaufel Braunkohle im nahen Tagebau Hirschfelde/Türchau. Die Kohle wurde zunächst von den Bauern als Dünger (wie anderswo Torf) genutzt. Um 1800 entstand die erste Braunkohlengrube in Seitendorf. Mit der geförderten Kohle wurden alsbald die Hausbrand-Öfen und die Heizkessel für die zahlreichen Dampfmaschinen der regionalen vor allem Textilindustrie gefüttert. Nach der Inbetriebnahme des ersten sächsischen Großkraftwerkes 1911 in Hirschfelde ging das Meiste der geförderten Kohle in dessen Schlünde. Die Mechanisierung des Abbaus beschleunigte sich drastisch, es kamen Bagger und neue Grubenbahnen. Nach dem 2. Weltkrieg musste Franz mit seiner Frau, die Kinder waren schon erwachsen und aus dem Haus, Seitendorf verlassen. Sie ließen sich in Dittelsdorf nieder, nicht weit von Hirschfelde und dem heimatlichen Seitendorf. In einem winzigen Zimmer eines kleinen Umgebindehauses fanden sie Unterschlupf. Ob die allein stehende betagte Hauseigentümerin Einfluss bei der Auswahl der „umgesiedelten" Mieter geltend machen konnte, weiß man nicht, letztendlich hat sie den beiden nur auf behördliche Weisung den Einzug gewährt. Wegen der trügerischen Hoffnung, der Verlust von Haus und Arbeitsstelle könne nicht von Dauer sein, man werde schon bald zurück dürfen, wollte Franz wie viele der Seitendorfer „in der Nähe" bleiben und zur Stelle sein, wenn man wieder „in der Grube" arbeiten könne. Bis dahin hieß es, sich mit Gelegenheits- und Aushilfsarbeiten über Wasser zu halten. Franz arbeitete als Erntehelfer beim Bauern und als Entlade- und

Transportarbeiter für die Bäuerliche Handelsgesellschaft BHG der Vereinigung der gegenseitigen Bauernhilfe VdgB, die landwirtschaftliche Betriebe unter anderem mit Düngemitteln versorgte. Diese und andere Schüttgüter kamen per Eisenbahn im geschlossenen Waggon in Hirschfelde an und mussten zur Vermeidung teurer Standzeiten unverzüglich per Hand (mit riesengroßen Schaufeln) entladen werden. Diese schweren Arbeiten hat Franz bis ins hohe Alter gemacht. Im Bergbau war er wohl nie wieder, denn die Grube blieb polnisch und belieferte das alte Hirschfelder Kraftwerk und das in Turow (Türchau) von den Polen neu errichtete. Aber als Montanveteran erhielt er bis zu seinem Tode sein Deputat an Brennstoffen (Briketts) und Alkohol („Kumpeltod"). Von letzterem genehmigte er sich allmorgendlich einen kräftigen Schluck und rauchte zudem täglich eine Zigarre. Nach dem Tod der Hauseigentümerin behielt er von den Erben Wohnrecht im mittlerweile recht baufälligen Haus. Sie gestatteten ihm schließlich auch, aus der winzigen dunklen Kammer in die helle freundliche „große Stube" an der Südseite des Hauses zu ziehen. Allerdings genoss er diesen bescheidenen Komfort nicht sehr lange. Seine letzten Lebensjahre verbrachte er im Altersheim Hirschfelde.

Von seiner Frau Martha, die von 1888 bis 1946 gelebt hat, weiß ich fast nichts. Sie stammte auch aus Seitendorf. Ihr Vater war dort Dachdecker und hieß Josef Dittrich, genannt Ditterch-Seff. Seine Eigenheit war, sich winters nicht zu rasieren, vermutlich um weder Geld noch Zeit zu verschwenden. Im Sommer allerdings wäre ihm der Rauschebart beim Arbeiten auf dem Dach nur lästig gewesen und so ließ er ihn alljährlich im Frühjahr wieder abnehmen. Martha hatte mindestens eine Schwester Emma, die mit dem Zimmermann Ewald Scholze verheiratet war und mit diesem und Sohn Helmut in Zittau lebte. Martha verstarb wenige Monate nach der nie verwundenen Zwangsumsiedlung in Dittelsdorf.

Mein Vater Karl Walter Hofmann wurde 1905 als Sohn des Barbiers von Dornhennersdorf, Oswald Hofmann geboren. Dornhennersdorf war kleiner als Seitendorf, hatte lediglich um die 600 Einwohner, nicht mal eine Kirche aber eine einklassige Volksschule. Seit der Zugehörigkeit zu Polen hieß der Ort Strzegomice. Bis auf wenige Häuser vom ehemaligen Weigsdorf nahe der Grenze zur Tschechischen Republik liegen nun beide Dörfer unter der Abraumhalde des Tagebaus Turow.

Oswald hatte Beruf und Geschäft, das vom Haare Schneiden und Rasieren der männlichen Dorfbewohner lebte, von seinem Vater

Gotthelf Hofmann übernommen. Seine Mutter Karoline, geborene Böhmer, lebte noch mit im Haus. Dies stand in Ortsmitte gegenüber dem Kretscham. Es gab wohl keinen Salon darin, die Haare wurden in der Wohnstube geschnitten. Im Erdgeschoss des kleinen Umgebindehauses waren auch noch Stall und Scheune. Oswalds Äußere soll nicht sehr attraktiv gewesen sein, seine Statur klein und verwachsen („Buckel"). Das war vielleicht auch ein Grund, die wesentlich attraktivere Ida, geborene Ulbrich heiraten zu können, die allerdings bereits ein uneheliches Kind hatte (oder erwartete?). Sie hat nie, selbst auf dem Sterbelager nicht, preisgegeben, wer der Vater ihrer Tochter Elsa war. Sie hatte ihn möglicherweise geliebt, Verschwiegenheit zugesichert und auch Geld bekommen. Es wurde gemunkelt, es sei ein Spross einer vermögenden einflussreichen Familie gewesen. Es kann natürlich auch ganz anders gewesen sein. In den dreißiger Jahren sind beide Frauen innerhalb einer Woche verstorben. Oswald hat sie nicht lange überlebt.

Von Onkeln, Tanten und Verwandten

Franz und Martha Wittig hatten drei Kinder. Der älteste 1908 geborene Sohn Bruno war Täschner von Beruf. Er lebt mit seiner Frau Ella und Sohn Gottfried in Neukirch/Lausitz, damals als Ort bekannt, wo feine Lederwaren, Töpferzeug und Hultzsch-Zwieback hergestellt wurden. Auch Gottfried (1930 geboren und übrigens mein Patenonkel) lernte Täschner und lebt in Neukirch. Seine Frau Ilse ist an Krebs verstorben, die Tochter Petra wohnt mit ihrer Familie in Neustadt/Sachsen. Auf Beschluss der Partei war eines Tages die Lederwarenproduktion in Neukirch nicht mehr nötig und der Bedarf an Koffern sollte allein durch einen Betrieb in Kindelbrück abgedeckt werden. Da traf es sich gut, dass das Kombinat FORTSCHRITT mit seiner Landmaschinenproduktion in Neustadt und Singwitz wegen in Aussicht stehenden Exporten an Kapazitätsgrenzen gestoßen war. In Neukirch wurde deshalb bald nicht mehr Leder, sondern Metall bearbeitet und aus Täschnern und Sattlern wurden Landmaschinenbauer. Die konnten ihrer neuen Tätigkeit sogar in der gleichen Werkhalle nachgehen. Gottfried fertigte nun anstelle feinster Herren-Geldbörsen Mähfinger für Erntemaschinen. Nicht sehr lange übrigens.

Die ebenfalls von der Partei jedem Investitionsgüter herstellenden Kombinat auferlegte Pflicht, auch Konsumgüter dem Handel anzubieten, und zwar in Höhe von fünf Prozent seiner Hauptproduktion, veranlasste das Kombinat Fortschritt, die Herstellung von Fahrrädern für die werktätige Bevölkerung und den Export aufzunehmen. Den Fahrradbau richtete Fortschritt im Neukirchner Betrieb ein. Diesen Produktionszweig übernahm nach der Wende Mehdi Biria, ein iranischen Unternehmer, und führte ihn erfolgreich weiter. Aus Altersgründen verkaufte er dann an eine USA-"Heuschrecke", die Fondsgesellschaft Lone Star. Diese stellte 2006 nach Verstreichen der Schonfrist für die erhaltenen Fördermittel die Fertigung ein und schloss den Betrieb. Für Gottfried als Altersrentner war das allerdings nicht mehr von Belang.

Der andere Sohn von Martha und Franz Wittig wurde 1909 geboren, hieß Reinhold und war Maurer. Als er einmal in Mecklenburg arbeitete, verguckte er sich in eine Deern von dort, heiratete seine Anna kurz vor Kriegsende und wurde in Kittendorf bei Stavenhagen sesshaft. Ersteres habe ich vermutlich gelegentlich gehört, für letzteres kann ich mich verbürgen. Ihre Tochter Rita heiratete dann ihren zu diesem Zeitpunkt noch sehr jungen Lehrer Dr. Norbert Dehmel. Er ist 2016 an Krebs verstorben. Zwei Söhne, Holger und Jens, entstammen dieser Ehe. Dr. Dehmel wurde Dozent und Leiter des Lehrerbildungsinstituts Templin. In diesen, auch Pädagogisches Institut genannten Fachschulen bildete die DDR Unterstufenlehrer aus. Als Nachzügler wurde Reinhold und Anna um 1950 Sohn Eberhard geboren. Er ist mit Evelin verheiratet und lebt noch in Kittendorf; seine beiden Töchter in Nordrhein-Westfalen. Reinhold verstarb 1968 an Magenkrebs.

Gertrud war die Klassenbeste in der katholischen Schule. An eine Lehre war dennoch nicht zu denken. Wie die meisten der weiblichen Schulabgänger ging sie deshalb nach der achten Klasse „in Stellung". Da hatte sie den Haushalt ihres ehemaligen Lehrers Ebermann zu führen. An Lohn erhielt sie acht Mark die Woche. Von ihrem ersten selbst verdienten Geld erfüllte sie sich ihren großen Traum und kaufte sich ein Paar Hausschuhe. Die folgenden Jahre verlieren sich im Dunkel von Erinnerungs- oder auch nur Erzähllücken. Weiter geht es erst 1932, als sich meine Mutter und mein Vater begegneten beziehungsweise näher kamen.

Elsa, die Halbschwester meines Vaters, heiratete Richard Trenkler. Von ihm weiß ich, dass er als Turner im „Rauch-, Ring-, Turn- und Gesangsverein" eines benachbarten Dorfes mit seinen sieben Brüdern eine recht erfolgreiche Turnerriege gebildet hatte. Richard war Bauer und bewirtschaftete ein Gut in Burkersdorf. Richard und Elsa hatten drei Kinder: Tochter Ruth, verheiratete Fuchs, lebt in Zittau, Sohn Erhard (1926 – 2009) hatte als Stellmacher Haus und Werkstatt in Dittelsdorf (verwitwet, drei Söhne) und Tochter Isolde, die erst nach dem Krieg geboren wurde und drei Kinder haben soll. Einer von Richards Brüdern, Hermann, war Herrenschneider von Beruf und ist bis ins hohe Alter, klein und drahtig, sportlich aktiv geblieben. Um 1960 ist er noch mehrmals Dresdner Bezirksmeister der alten Herren im „Geräteturnen" geworden. Während meiner Oberschulzeit haben wir beide gemeinsam, also mehr nur gleichzeitig, in der Zitttauer Hauptturnhalle Sport getrieben. Ich erinnere mich auch noch gut an gelegentliche Besuche mit meinen Eltern in seiner Zittauer Wohnung mit herrlichem Ausblick über die Dächer der Stadt und auf die beiden Gasometer an der Weststraße/Ecke Gasstraße.

Karl hatte eine weitere Schwester Gertrud. Sie war mit Willi Pollack verheiratet. Dieser starb trotz sehr gesunder, teils asketischer Lebensweise bereits mit 40 Jahren an Magenkrebs. Gertrud lebte mit dem gemeinsamen Sohn Hans in Dresden. Hans studierte (sozialistische) Betriebswirtschaft, heiratete Traudel und wurde Vater eines Sohnes. Er lebt in Dresden. Seine Mutter Gertrud wurde um

1960 in das psychiatrische Fachkrankenhaus Arnsdorf eingewiesen. Ihre letzten Lebensjahre verbrachte sie in dessen offener Abteilung im Schloss Königsbrück.

Nach der achten Klasse Volksschule ging Karl bei einem Hirschfelder Baumeister in die Lehre und wurde Zimmermann. Sein Gesellenstück sollte ein „Ellcher Bock", also ein 60 cm hoher vierbeiniger Holzbock, sein. Dafür standen ihm lediglich vier Rundhölzer und ein Kantholz zur Verfügung; als Werkzeug war nur die Zimmermannsaxt erlaubt. Der erste Axthieb spaltete ein als Bein vorgesehenes Rundholz und machte es unbrauchbar. Die aufkommende Verzweiflung vertiefte ein schon erfahrenerer Mitprüfling, der die Holzreste kurzerhand auf den Feuerholzhaufen warf. Auf Rat des rabiaten Kollegen ging Karl zum Meister und behauptete treuherzig aber mit vollen Hosen, er hätte nur drei Rundhölzer für die vier Beine gekriegt. Die List klappte. Mit großer Sorgfalt entstand dann der Bock zur vollen Zufriedenheit der Prüfungskommission. Nach der Lehre ging Karl traditionsgemäß mit einem Kameraden auf Wanderschaft. Drei Jahre arbeiteten sie auf Baustellen in Hessen und Sachsen, immer mehr als 50 Kilometer von zu Hause entfernt. Am besten hat es ihm wohl in Leipzig, das Völkerschlachtdenkmal beeindruckte ihn gewaltig, und Frankfurt am Main gefallen. Nach der Walz fand er wieder Arbeit in Hirschfelde. Inzwischen wütete die Inflation im Nachkriegsdeutschland. Karl hatte eines Freitags seinen Wochenlohn erhalten – eine Billion Mark! Auf dem Heimweg über den Hirschfelder Marktplatz konnte er eine Tafel entdecken, worauf mit fetten Kreidebuchstaben geschrieben stand: „1 Billion = 1 Rentenmark". Die Inflation war vorüber und er hatte eine ganze Woche für eine Mark gearbeitet.

Üblicherweise ruhten im Winter die Arbeiten auf den Baustellen. Karl ging deshalb mit anderen Zimmerleuten und Maurern zum Holzfällen in die Wälder des Reibersdorfer Grafen von Einsiedel.

Beizeiten hatte Karl im dörflichen gesellschaftlichen Leben mitgemacht. Er war im örtlichen Gesangsverein, mit seiner Taubenzucht im Geflügelzüchterverein und natürlich bei der Freiwilligen Feuerwehr. Außerdem hatte er Geigespielen gelernt. Bald wurde er Leiter der Feuerwehrkapelle, die als einziges „Orchester" des Dorfes bei jeder Gelegenheit zu spielen hatte, sei es als Platzkonzert, sei es zum Tanz. Bei den gelegentlichen Umzügen durch das Dorf machte sich allerdings die empfindliche Geige schlecht und Karl lernte deshalb noch Klarinette. Die von seinem Großvater Wilhelm geerbte Geige hielt er bis zu seinem Tode in Ehren und hat bis zuletzt darauf musiziert. Mit ein paar letzten Zeilen, seinem Testament, verfügte er, dass die Geige sein Enkel Sebastian und die Klarinette Enkel Alexander erben sollen.

Aus den wenigen überlieferten Erzählbruchstücken konnte ich mir zusammenreimen, dass er im Herbst 1932 als Kapellmeister mit seiner Feuerwehrkapelle oder einfach als Gast zur Kirmst (Tanzvergnügen zur Wiederkehr der Kirchweihe) im benachbarten Seitendorf war. Dort traf er Gertrud. Ob erstmals, wiederholt oder schon verabredet, darüber sprach man nicht - schon gar nicht mit uns Kindern. Diese Zusammentreffen werden schon Probleme verursacht haben oder sie waren erwartet worden, schließlich war Karl schon „wer", relativ gut aussehend, evangelisch und aus dem Nachbardorf; Gertrud hingegen nur jung, in Stellung und vor allem katholisch! Dennoch fand im April des folgenden Jahres dann die Hochzeit mit einer hochschwangeren Braut in der evangelischen Kirche statt.

Die jungen Eheleute zogen zu Karls Eltern und der Großmutter, zu den Tauben, Ziegen und Hühnern nach Dornhennersdorf. Da machte es sich gut, dass Karls Schwestern schon aus dem Haus waren. Ende Juni kam Helmut Karl zur Welt. Gertrud hatte sich nun nicht nur um Haus und Feld zu kümmern, sondern auch um das Kind und dessen Großeltern. Karl war von früh bis spät auf den Baustellen und nur am Sonntag zu Hause. Nachdem drei Jahre später innerhalb einer Woche seine Mutter und Großmutter gestorben waren, lebte auch Vater Oswald nicht mehr lange. Karl hatte inzwischen von seinem Verdienst etwas Geld angespart, so dass er seinen Schwestern die Auszahlung des Erbes in Aussicht stellen und das väterliche Haus übernehmen konnte. Inzwischen war Gertrud wieder schwanger und brachte bald Wera zur Welt.

1937 begann die Aktiengesellschaft Sächsische Werke, die unter anderem auch Tagebau und Kraftwerk Hirschfelde betrieb, nördlich von Espenhain (Kreis Borna, Sachsen) mit dem Aufschluss eines Braunkohletagebaus. Die Kohle sollte nicht nur als Brennstoff für ein neues Großkraftwerk dienen, sondern vor allem veredelt werden; es entstanden Brikettfabrik, Schwelerei sowie Anlagen zur Teerverarbeitung und zur Schwefelgewinnung. Außerdem wurden Verwaltungsgebäude sowie Einrichtungen für Handel und gesundheitliche Betreuung errichtet. Der Hirschfelder Baumeister Seidel, in dessen Firma Karl arbeitete, hatte einen Großauftrag im Rahmen dieser Baumaßnahmen ergattert oder übertragen bekommen. Der Aufbau war zwar 1942 im Wesentlichen abgeschlossen, Karl blieb aber während des Krieges ständig dort beschäftigt. Er wurde wegen seiner Arbeit im Rahmen der Aufrechterhaltung kriegswichtiger Produktion nicht zum Militär eingezogen. Seine gesamte militärische Laufbahn bestand deshalb und weil er ja Zimmermann war nur in einer zweiwöchigen Pionierausbildung. Die Arbeit in Espenhain war dennoch nicht ungefährlich, weil die Alliierten oft Bombenangriffe auf die entstehenden Anlagen und Gebäude flogen. Da dies meist nachts geschah, wurden die Baustellen abgedunkelt und einzelne Scheinwerfer und Leuchten am Ufer eines nahe gelegenen Teiches installiert. So fielen viele der Bomben wirkungslos ins Wasser.

Kriegsende, Weras Tod, Rausschmiss

Nach dem Krieg konnte Karl bei der Familie in Dornhennersdorf bleiben, denn die Bautätigkeit in Espenhain war natürlich zu Ende. Inzwischen hatte er seinen Schwestern das Erbe, also jeweils ein Drittel des Wertes vom väterlichen Haus ausbezahlt. Da traf die Familie ein furchtbarer Schicksalsschlag. Eines Sonntagmorgens tobten die beiden Kinder vor dem Aufstehen noch in ihren Betten im gemeinsamen Schlafzimmer. Plötzlich hörte Wera auf umzugehen und gab einige ungewöhnliche Schnarchlaute von sich. Nachdem sie auf Helmuts Worte nicht reagierte, fand man sie leblos im Bett liegen. Alle sofortige und spätere ärztliche Wiederbelebungsversuche blieben erfolglos. Der Arzt stellte Tod durch Herzversagen fest. Eine genauere Ursache ist nicht untersucht worden. Für alle drei brach eine Welt zusammen; sie haben es Zeit Lebens nicht verwunden.

Nach Kriegsende lagen nicht nur der Staat und die Wirtschaft, auch alles gesellschaftliche Leben am Boden. Karl besorgte sich Schnittholz und musste eigenhändig den Sarg und das Grabkreuz für Wera bauen. Beigesetzt wurde sie auf dem Friedhof im nahen Weigsdorf (Wigancice Żytawskie) jenseits der polnisch/tschechischen Grenze. Dieses Territorium durfte von Ausländern, von Deutschen oder Polen, bald nicht mehr betreten werden. Sie konnten also nicht mal mehr Abschied von Wera nehmen, als am 22. Juni 1945 bewaffnete polnische Miliz und Militär alle Deutschen aus ihren Häusern vertrieben. Alles Hab und Gut, jeglicher Besitz der Deutschen wurde als polnisches Eigentum erklärt und die in polnischen Augen ja illegalen Hausbesetzer mit großer Brutalität und Unnachgiebigkeit aus ihren einst eigenen Häusern auf die Straße getrieben. Die Drohung mit der Schusswaffe sorgte für Tempo und Nachdruck. Helmut wurde nicht erlaubt, sein Tippl Milch auszutrinken, andere mussten in Hausschuhen ihr Dorf verlassen, wenn sie in aller Aufregung unterlassen hatten, die Schuhe zu wechseln. Weil der Befehl vom 21. Juni nicht bekannt gegeben worden war, hatte keiner der 24 000 Betroffenen des Kreises Zittau Zeit und Gelegenheit, Dokumente und anderes Wichtige zu packen oder „in Sicherheit zu bringen".

Ohne Beschluss der Alliierten, nur mit Stalins Duldung, annektierte Polen auf Betreiben der immer mächtiger werdenden unbemittelten Kommunisten, sogar entgegen der anders planenden Londoner und Moskauer Exilregierungen, nicht nur alle deutschen Gebiete östlich von Oder und Neiße, sondern vertrieb auch die dort lebenden Millionen Deutsche bis auf wenige Ausnahmen. Damit

17

entschädigten sich die Polen für die wegen der auf Stalins Betreiben wieder an die Sowjetunion gefallenen ukrainischen Gebiete, die im Frieden von Brest-Litowsk nach dem Ersten Weltkrieg an Polen abgetreten worden waren. Die Polen waren natürlich nicht in der Lage, diese ehemals deutschen Territorien umgehend zu verwalten und zu besiedeln. Die vertriebenen Deutschen und die Polen selbst merkten das bald. Der deutsche Arzt Dr. Kutscha aus Dornhennersdorf wurde nicht „umgesiedelt", ihm wurde sogar untersagt, nach Deutschland gehen. Er hatte die medizinische Versorgung im nun polnischen Teil des ehemaligen Kreises Zittau allein zu übernehmen. Bald forderten die neuen Machthaber Bauern und Handwerker unter den eben vertriebenen Deutschen auf, zurückzukommen und ihre Arbeit zur Versorgung der Bevölkerung im neuen Polen wieder aufzunehmen, ohne an den aktuellen Eigentumsverhältnissen zu rütteln. Einige kamen auf Anordnung (Bäcker, Bauern, Fleischer), andere ohne Aufforderung. Unter denen waren sicher auch meine Eltern.

Alle holten sie, natürlich illegal, zunächst von ihrem noch vorhandenen Hausrat und persönlichen Hab und Gut, was sie tragen oder meist auf Handwagen fort bringen konnten, über die Neiße in ihre neue meist provisorische Bleibe. Vieles wurde durch eine Furt zwischen Hirschfelde und Ostritz, die „Saupantsche", des sommers wenig Wasser führenden Flüsschens gebracht. Viele der Vertriebenen, die nicht in die westlichen Besatzungszonen geflohen waren, blieben wieder in ihren teilweise leer geräumten und auch geplünderten nun polnischen Häusern. Dieses Unrecht konnte einfach nicht von Dauer sein! Vernünftige Polen sahen natürlich, dass die vielen fruchtbaren Landstriche und noch vorhandenen Reste der einst blühenden schlesischen Industrie, wo nach dem Krieg alle Wirtschaft am Boden lag und deren Erzeugnisse dringend gebraucht wurden, nur von oder mit Hilfe der Deutschen bewirtschaftet werden konnten und mussten.

Dennoch machten die Polen zwei Jahre später wieder einmal Ernst. Nun galt das Potsdamer Abkommen, eine Verwaltung war dabei, sich zu formieren und die umzusiedelnden Polen aus der Ukraine mussten untergebracht werden. Da unter den Umsiedlern aus Galizien wohl auch Bauern und Handwerker waren, wurden die Deutschen nicht mehr gebraucht und nun endgültig ausgewiesen. Es durfte nichts mitgenommen werden, außer was auf dem Körper und in den Händen war. Meine Eltern hatten inzwischen als vermeintlich Wichtigstes vom Hausstand auf dem Hand-Leiterwagen aus dem Haus und über die neue Grenze geschafft: die Federbetten, zwei Fahrräder, die Regulator genannte Wanduhr, die Musikinstrumente und die Nähmaschine. Mehr konnte bei Gertruds Eltern in Dittelsdorf nicht eingelagert werden.

Aus ganz Dornhennersdorf durfte neben Kutschas nur eine Frau in ihrem Haus bleiben. Emma Gunkel, geborene Bartecka, hatte sorbische Vorfahren, war also in polnischen, slawischen Augen keine richtige Deutsche und wurde deshalb weder enteignet noch vertrieben. Zudem nahm sie notgedrungen die polnische Staatsbürgerschaft an. Glücklich ist sie in ihrem Haus trotzdem nie wieder geworden.

In Hirschfelde wurden alle Vertriebene in so genannte Viehwaggons, also geschlossene Güterwagen gepfercht und zur Entlausung nach Niesky geschafft. Später ging der Transport Richtung Westen. In Zeitz schließlich erreicht der Zug das vorgesehene Auffanglager. Weil es total überfüllt war, wurde als Ausnahmeregelung denen die Rückreise gestattet, die versicherten, dass Aussicht bestünde, irgendwo eine Unterkunft nachweisen oder auftreiben zu können. Dies hatten natürlich die meisten. Fast alle wollten so schnell wie möglich zurück in die nahe Heimat, um ihre Häuser und Äcker sofort wieder in Besitz nehmen zu können, wenn dieser Spuk vorbei wäre. Manche trauten allerdings weder den Russen noch den Polen und sahen zu, dass sie in die amerikanische oder englische Besatzungszone kämen.

Diese historischen Ereignisse sind immer verschwiegen, meist falsch oder oberflächlich dargestellt worden. Es war eine im historischen Rahmen kleine Anzahl „Umsiedler" von etwa 24 000 Menschen aus der sächsischen Oberlausitz verglichen mit den vielen aus Schlesien, Pommern oder dem Sudetenland. Sie fanden deshalb in den Vertriebenenverbänden der Bundesrepublik kaum Aufmerksamkeit, in der DDR gab es das Thema gar nicht. Mich hat es insofern mittelbar betroffen, dass meine Eltern sehr oft darüber sprachen, sich mit den ehemaligen Nachbarn trafen und dabei auch fast nur über die Zeit vor dem „Rausschmiss" redeten. Schließlich spürte ich auch die materiellen und finanziellen Einschränkungen, die ein nach totalem Verlust nötiger Neubeginn mit sich brachte.

Nach der Wende wurden zaghafte Versuche der Aufarbeitung begonnen. In Zittau trugen Freiwillige Dokumente, Erinnerungsstücke und übrig gebliebene Habseligkeiten der Flüchtlinge zusammen, gründeten einen Verein und organisierten eine kleine nun wieder aufgelöste Ausstellung. Alljährlich trafen sich die Überlebenden von „Reichenau und Umgebung e.V." in der Zittauer Gaststätte „Burgteich". Der Verein wurde 2017 insolvent. Nun befasst sich der Historiker Lars-Arne Dannenberg mit dem Thema.

19

Neuanfang in Olbersdorf

Die drei Hofmanns fuhren aus Zeitz mit der Hoffnung zurück, vielleicht bei Karls Schwester Elsa in Burkersdorf oder auch bei Gertruds Eltern in Dittelsdorf Unterschlupf zu finden. Nichts war möglich. Sie quartierten sich in Olbersdorf beim Riedel-Bauer ein, ob auf behördliche Weisung oder nur mit amtlicher Duldung, weiß ich nicht. Der Bauer machte jedenfalls das Beste aus der möglicherweise aufgezwungenen Aufnahme der Umsiedler: die Gesindekammern waren frei und Arbeit gab es reichlich auf dem Hof. Ein Zimmermann konnte viel reparieren und bauen und die junge Frau als Gehilfin auf dem Feld und im Stall zur Hand gehen. Die Miete wurde („glaube ich mich zu erinnern") nicht bezahlt, sondern abgearbeitet.

Helmut machte mit fünfzehn einen zwar notdürftigen aber voll geltenden Abschluss der achten Klasse in der Olbersdorfer Schule und begann eine landwirtschaftliche Lehre. Das war schon immer sein Traumberuf. Er musste dafür allerdings beim Lehrbauern Scholze in Dittelsdorf wohnen. Diese Lehrjahre waren, wie früher üblich, wahrlich keine Herrenjahre. Die Berufsschule war in Zittau.

Obwohl Olbersdorf nicht den Vorstellungen Karls von einem lebenswerten Dorf entsprach, blieben die Eltern schließlich für immer in diesem Ort wohnen. Er wäre natürlich am liebsten in Dornhennersdorf geblieben oder hätte sich in einem ähnlichen kleinen, überschaubaren Dorf eingerichtet, wo jeder jeden kannte, wo man sich gegenseitig half und verstand, gemeinsam arbeitete und feierte. Wie es in Dittelsdorf oder Burkersdorf heute noch ist, auch wenn die Dörfchen nun Ortsteile von Zittau sind.

Olbersdorf war da ganz anders: größer, unpersönlich, beinahe städtisch und zeigte eine gewisse, nach dem Ende des „Dritten Reiches" allerdings etwas verkommene Wohlhabenheit. In diesem Dorf, entlang des Goldbachs zwischen Zittau und dem Zittauer Gebirge gelegen, lebten damals bis zu 8000 Einwohner. Neben der prägenden Landwirtschaft gab es zahlreiche Industriebetriebe, Handel und Gewerbe. Viele Dorfbewohner hatten Arbeit im nahen Zittau oder (im Kraftwerk) Hirschfelde. Allein rund um das Riedelsche Gut gab es etliches an Gewerbe:

Da war zunächst die Fröhlichschenke. Unter ihrem dunkelgrünen Putz verbarg sich links vom Eingang die Schankstube, rechts davon eine Fleischerei. Über dem Schankraum lag im ersten Stock der Saal. Neben dem Fleischereiladen war das Schlachthaus. Dort wurden gelegentlich Schweine und Kälber geschlachtet. Leider hinter verschlossener Tür. Nur die Schreie der Tiere vor dem Abstechen drangen auf die Straße. Im Saal fanden nicht nur Tanzveranstaltungen, sondern auch Geflügel- und Kaninchenausstellungen statt. Mir brachten sie später Glück – in den Tombolen gewann ich einmal ein Kaninchen (ein lebendiges Schwarzes Wiener, was ein Nachbar bis Weihnachten durchfütterte und uns für einen kleinen Preis wieder zurück verkaufte), ein anderes Mal einen Satz Kompott-Schüsselchen. In diesem Saal war es auch, dass ich bei einer Weihnachtsfeier im poltrigen Weihnachtsmann einen Arbeitskollegen meiner Mutter erkannte. Wegen seiner mir gut bekannten braunen Schuhe verlor ich schlagartig meinen Glauben an den roten Gesellen. Neben der Schenke war eine der beiden Olbersdorfer Ziegner-Schmieden. Es gab noch weitere Schmieden im Dorf. Die Schmiede in unserer Nachbarschaft war zwar klein hatte aber alles, was man von solch einer Werkstatt erwartete: dunkel und düster, schmutzig, loderndes Schmiedefeuer mit Blasebalg, Amboss und Wasserbottich; reichlich Hufeisen und unheimlich viele Zangen hingen an der Wand. Vor dem Tor waren große Eisenringe an der Außenwand zum Anbinden zu beschlagender Pferde. Bei dieser Arbeit stank es immer herrlich nach verbranntem Horn.

Dann war da noch eine Bäckerei vom Meister Gärtner. Eigenartigerweise war der Laden in der ersten Etage, mit separater Außentreppe zu erreichen. Auch einen Friseur gab es, der in alter Barbiermanier Herren rasierte und ihnen die Haare schnitt. Auf der anderen Straßenseite bot ein Elektrogeschäft Geräte und Material an. Es gehörte zum Installationsbetrieb Haufe. Neben der Ziegner-Schmiede dorfabwärts betrieb Familie Klette ihre Geschäfte; sie verkaufte Kurzwaren, also Garne, Wolle, Knöpfe, Tischdecken und dergleichen, er hatte einen Kohlenhandel und belieferte die Leute mit Briketts.

Im nächsten Haus werkelte der Ehrentraut-Schuster. Seine winzige Werkstatt lag halb unter der Erde. Faszinierend darin: ein kleines hölzernes Podest mit der Werkbank vor dem Fenster. Er saß immer mit seiner Lederschürze auf einem dreibeinigen Hocker an dieser Werkbank. Dabei standen die zwei kürzeren Beine auf dem Podest und das längere auf dem "normalen" Fußboden. Außerdem war in dem Zimmerchen eine Maschine, einer Drehbank ähnlich, mit der die Schuhe eingecremt und poliert wurden und die neuen Sohlen und Absätze passend geschliffen werden konnten. In einer Ecke der winzigen Werkstatt türmte sich immer ein wirrer Haufen scheinbar wahllos durcheinander liegender Schuhe. Ich staunte jedes Mal, wie

Meister Ehrentraut daraus immer das zusammen passende Paar, ob schon repariert oder noch nicht, herausfand.

Dies alles war in unmittelbarer Nähe des Riedelschen Bauerngutes an der Dorfstraße zu finden. Wenige hundert Meter weiter waren zwei kleinere Textilbetriebe (Webereien), ein weiterer Bäcker, ein Klempner- und Installationsbetrieb mit Haushaltswarenladen, eine Wäscherei, ein Geschäft für landwirtschaftlichen Bedarf (die bäuerliche Handelsgenossenschaft BHG der Vereinigung der gegenseitigen Bauerhilfe VdgB), eine weitere Schmiede, eine Ziegelei mit Lehmgrube, ein privates Lebensmittelgeschäft, ein Gärtner und ein Fuhrunternehmer.

Mein Vater fand Arbeit in seinem Beruf beim Zittauer Baumeister Willi Türpe. Später führte dessen Schwiegersohn Karl Köhler den kleinen Baubetrieb mit „Platz" an der Heinrich-Mann-Straße. Die Baustellen, für die ich mich später sehr interessierte und die ich nach Möglichkeit auch aufsuchte, lagen im näheren Umkreis. Außer dem Olbersdorfer Funkwerk am Waldrand war immer die Deutsche Reichsbahn Auftraggeber. Meist wurden Brücken und Tunnel saniert (Mittelherwigsdorf, Hainewalde, Drausendorf), was bei dieser kleinen Firma ewig dauerte, aber auch das Reglerhaus an der Brücke Südstraße und die (inzwischen wieder entfernte) Vergrößerung der Verladerampe Jonsdorf Haltestelle sowie Baureparaturen und Anbauten an verschiedenen Bahnhofsgebäuden. Von den Olbersdorfer und Jonsdorfer Baustellen brachte Vater allabendlich ein Säckchen frischer Waldpilze, die er in der Mittagspause gesammelt hatte, mit nach Hause.

Um seinen sechzigsten Geburtstag wurde ihm die Arbeit auf den Baustellen allmählich zu schwer und die Entlohnung war wohl auch nicht berauschend. Vater wechselte deshalb 1967 zum VEB Gebäudewirtschaft Zittau, der kommunalen Wohnungsverwaltung mit eigenem Baubetrieb. Die Zimmerei befand sich in der Amalienstraße, die Baustellen lagen alle innerhalb der Stadt. Das bedeutete regelmäßige Arbeitszeiten, zuverlässige Pausenversorgung mittags, pünktlicher Feierabend, kurze Arbeitswege und höherer Verdienst bei körperlich leichterer Arbeit.

Wenige Monate nachdem er die neue Arbeitsstelle angetreten hatte, zog er sich bei einem Arbeitsunfall eine langwierige Verletzung zu. Beim Abnehmen eine Holzvertäfelung in einem Wohnhaus stach ein verrosteter Nagel in ein Gelenk des rechten Zeigefingers. Arbeitshandschuhe habe ich meinen Vater nie tragen sehen. Gegen solche Lappalien half „Zugsalbe" und ein Pflaster. Diesmal nicht. Der Finger schwoll, selbst Hand und Arm wurden dick, Schmerzen wurden

22

stärker, ein Arztbesuch unausweichlich. Einer kleinen Operation folgte eine mir endlos lange scheinende Phase der Rekonvaleszenz mit verbundenem Arm und ständigen Arztterminen, selbst am Wochenende, wenn kein Linienbus fuhr. Irgendwann wurde die Verletzung als fast ausgeheilt befunden und Vater mit einer leichten Reststeifigkeit des Zeigefingers wieder auf Arbeit geschickt. Wegen der kleinen bleibenden Behinderung musste er sich beim Hantieren mit seinem Zimmermannshammer umstellen: ohne kräftigen Halt mittels Zeigefinger wollte der beim Ausholen schon mal davonfliegen.

Nachdem er ab August 1970 Altersrente bezog, beendete er sein Arbeitsverhältnis zum Jahresende und widmete sich dann vor allem seinen Gärten.

In Olbersdorf konnten in unseren relativ beengten Mietwohnungen keine Tiere gehalten werden. Ich hatte mal zwei rote Schwertträger in einem winzigen Aquarium ohne Heizung und Belüftung. Später schafften sich die Eltern auf Drängen meiner Mutter ein Wellensittich an. Zum Ausgleich wurde Vater leidenschaftlicher Kleingärtner, allerdings erst nach unserem Umzug auf die Külzstraße (1959). Dort standen uns drei Beete im hauseigenen Garten zu: zwei für Gemüse und ein kleines Blumenbeet. Das reichte uns nicht. Auf dem Betriebsgelände der Möbelwerkstätten, der Arbeitsstelle meiner Mutter, wurde Betriebsangehörigen in einer ungenutzten Ecke das Anlegen von Beeten gestattet. Vater machte das und baute dort vor allem Gemüse (Früh-Kartoffeln, Möhren und dergleichen) an. Dort gab es aber nur einen Wasseranschluss für alle, keinen Schuppen oder Unterstellmöglichkeit für sich oder Gartenwerkzeuge. Alles Gerät musste immer von zu Hause mitgenommen werden; Vergesslichkeit kostete zusätzliche Zeit und Wege. Gemütlich war das nicht.

So bewarb sich Vater um einen Kleingarten in der Anlage „Rothe" unweit unserer Wohnung, auf der anderen Seite der Entlastungsstraße. Als ein Garten (150 m²) frei wurde und wir „an der Reihe waren", konnten wir ihn übernehmen. Er lag zwar günstig, es stand aber weder ein Geräteschuppen, noch eine Laube darauf. Außerdem war er etwas verwahrlost. Vater fällte alte Obstbäume, die nicht mehr trugen, veredelte selbst einen Apfelbaum durch Aufpfropfen und setzte einen Sauerkirschbaum. Dieser würde am ehesten reiche Ernte versprechen. Die Beete wurden neu angelegt, der Hauptweg befestigt und etwas Wiese neu eingesät. Schließlich baute er noch eine Laube. Obwohl er als Zimmermann für einen Holzbau prädestiniert war, musste er die Wände aus Ziegeln errichten, da das benötigte Schnittholz privat legal nicht zu beschaffen war. Weil auch alles andere Material knapp war, verputzte er nur die Innenwände, außen wurde das Mauerwerk sauber verfugt und die minderwertigen Ziegel („Hartauer Sonnenbrand" genannt) rot angestrichen. Das sah dann fast wie ein Klinkerbau aus. Nun artete die Kleingärtnerei in Ackerbau aus, für die Kleingartenanlage, heute meist „Schrebergärten" genannt, waren überdies noch unentgeltliche Arbeitseinsätze zu leisten, so dass die Beete in Mutters Betrieb wegen Zeitmangels abgegeben werden mussten.

Gelegentlich leistete Vater Nachbarschaftshilfe (Schwarzarbeit hieß das damals nicht) gegen geringes Entgelt. Von Fremden nahm er höchsten zwei Mark die Stunde. Für Helmut in Dittelsdorf und Onkel Bruno in Neukirch (dort errichtete er einen Schuppen) arbeitete er natürlich ganz umsonst. Als Rentner dann war er für die Kirche tätig, als Sargträger bei Beerdigungen und als „Totengräber", zunächst bei Bestattungen und dann, als Kirche und Friedhof dem Braunkohletagebau weichen mussten, bei den Umbettungen auf den neuen Friedhof. Für diese Arbeiten wurde er wenigstens etwas besser bezahlt. Allerdings ging das mit nicht unerheblichen psychischen Belastungen einher. Nachdem meine Eltern schon einmal nach dem Kriege durch den Rausschmiss nahezu alles verloren hatten, sollten sie nun wieder wenn auch nicht ihr ganzes Hab und Gut, so doch die inzwischen vertraute Wohnung und Nachbarschaft wegen der angekündigten Tagebauerweiterung verlieren. Das ganze Niederdorf sollte „weggebaggert" werden.

Im Übrigen hatte Vater allerhand ehrenamtlich in der Schule zu tun. Obwohl oder weil er der älteste aller Väter meiner Klasse war, wurde er gleich Vorsitzender des Elternaktivs (Elternvertreter der Klasse). In dieser Funktion war man damals gleichzeitig Mitglied des Elternbeirats, die Elternvertretung der ganzen Schule. Die Aufgaben waren zwar nicht allzu umfangreich, aber Versammlungen und Beratungen fanden dennoch regelmäßig statt und da hatte er immer dabei zu sein. Als die Schule um das so genannte Polytechnische Zentrum erweitert werden musste, um die Schüler aus Oybin (ab 5. Klasse) und Jonsdorf (ab 9. Klasse) aufnehmen zu können, stand nur Material zur Verfügung, der größte Anteil der Arbeiten wurde von Freiwilligen, vor allem Eltern und auch Lehrern, geleistet. Mein Vater hat als Zimmermann viele Stunden auf diesem Bau nach Feierabend zugebracht. Das wiederholte sich in allerdings gemäßigterer Form, als unterhalb des Volksbades an der Jonsdorfer Straße die Gemeinde einen neuen Sportplatz errichtete. Auch hier setzte die „öffentliche Hand" auf unentgeltliche Arbeitsleistungen und stellte allenfalls Material und

Geräte bereit. Die meisten Arbeiten wurden im Rahmen des „Nationalen Aufbauwerkes" NAW geleistet. Da gab es dann für viele (hundert) Stunden die „Aufbaunadel" verschiedener Rangstufen und geringfügige Sachprämien.

Als ich an der Erweiterten Oberschule (EOS) in Zittau war, ist Vater dort nur noch einfaches Mitglied des Elternaktivs gewesen. Für einen Auswärtigen (ohne Auto) war die Teilnahme an den abendlichen Sitzungen und dergleichen doch beschwerlicher als für die Zittauer Eltern. Auch die für die Olbersdorfer Schule übliche ehrenamtliche handwerkliche Arbeit hielt sich nun in Grenzen.

Mein Vater war ziemlich konservativ. Ich habe ihn übrigens nie fluchen hören. Auch Kraftworte wie Scheiße kamen, zumindest in meinem Beisein, nie aus seinem Mund. Meist hielt er nicht viel von neuen Sachen, sondern klebte am Althergebrachten. Er fuhr viel lieber mit der Eisenbahn und benutzte den Bus nur, wenn das Ziel per Bahn nicht (rechtzeitig) zu erreichen war. Bis ins hohe Alter trug er eine Taschenuhr, weil ihn eine Armbanduhr „den Puls abschnüren" würde. Auf Arbeit ging er immer mit Rucksack, so einen grünen Aser, wie sie sonst meist Förster und Jäger tragen („Da habe ich die Hände frei."). Ende der fünfziger Jahre wurden auch der breiten Bevölkerung in der DDR Haushaltskühlschränke angeboten. Mein Vater wollte keinen. „Da kann manches Seidel Milch sauer werden, ehe sich diese Anschaffung lohnt", war seine Redensart. Nach dem Umzug (1959) kaufte meine Mutter dann doch einen „Kristall 63" mit Sorptionskälteaggregat vom VEB DKK Scharfenstein. Dieser Hersteller ist schon in den dreißiger Jahren vom DKW-Konzern-Chef Rasmussen gegründet worden und verwendete später den Markennamen Foron. Beim Fernsehgerät später das gleiche Theater. Vater hörte kaum Radio, obwohl er eines Tages (1957) einen „Paganini" superhet mit UKW-Vorbereitung angeschleppt hatte, nachdem unser alter Allstrom-Empfänger im Bakelit-Gehäuse fast gar nichts mehr empfing. Das neue Gerät war in Rochlitz entwickelt und nur zwei Jahre vom VEB Stern-Radio Berlin gebaut worden. Mich faszinierten das grüne „magische Auge" und die fünf Tasten zur Wellenwahl. Außerdem brachte ich in Erfahrung, wer Paganini, der Teufelsgeiger war.

Eine Nachbarin und Kollegin meiner Mutter war alleinstehend und spielte Lotto. Als einzige all meiner Bekannten hatte sie mal vier Richtige (das DDR-Zahlenlotto spielte damals fünf aus 90, ein Tipp kostete 50 Pfennige). Statt des erhofften Riesengewinns wurden diesmal für den Vierer nur 1400 Mark ausgeschüttet. Die etwas enttäuschte Nachbarin kaufte sich von diesem Gewinn einen Fernseher und die ganze Nachbarschaft kam abends zum Gucken. Ich sah gelegentlich „Da lacht der Bär" (ein Vorläufer des Kessel Bunten) und die Friedensfahrt, das überaus populäre internationale Etappenrennen der Rad-Amateure. Damals musste man ein Fernsehgerät bestellen, wie Autos auch. Ein Kollege meiner Mutter hatte schon einen Fernseher, als er mit der Auslieferung seiner Bestellung dran war. Meine Mutter kaufte also an seiner Stelle das bestellte Gerät aus Stassfurt im Haus der Technik in Zittau, Innere Weberstraße. Es konnte nur ein Programm (VHF) empfangen, war aber für das später vorgesehene zweite (UHF) „vorbereitet". Vater ergab sich seinem Schicksal, ignorierte aber meist das Gerät und ging vor 20 Uhr ins Bett.

Ein weiteres Zeugnis seiner konservativen Sturheit, die meine Mutter oft zur Verzweiflung trieb, war seine Ablehnung jeglicher Urlaubsreisen. Mein Vater wollte nicht auf sein „eegen Bette" verzichten. So habe ich mit meinen Eltern an Stelle von Urlaubsreisen gerade mal zwei eintägige Busfahrten unternommen: zum Blumenfest nach Schönbach bei Löbau (dieser Korso fand nur vier Mal von 1955 bis 1958 statt, weil den Oberen der ungeheure Zulauf suspekt war) und in den Spreewald nach Lübbenau. „Auswärts" übernachtet wurde lediglich bei Besuchen in Neukirch bei Onkel Bruno und in Kittendorf bei Onkel Reinhold für höchstens eine Woche. Und 1964 waren wir mal für eine Woche zu Gast bei Emma Gunkel (Bartecka) in Dornhennersdorf, das nun Strzegomice hieß. Wir mussten bis nach Görlitz zum nächsten Grenzübergang nach Polen. Eine Verzögerung kam dazu, weil meine Mutter per Taxi noch einmal zurück nach Olbersdorf musste: sie hatte ihren Personalausweis vergessen. So sahen ich erstmals und wir alle zum letzten Mal die „alte Heimat". Mit der polnischen Familie, die nun in Vaters Elternhaus wohnten, verstanden wir uns ganz gut, wurden zu reichlich Essen und viel Wodka eingeladen. Wenige Jahre später verschwand das Dorf unter der Abraumhalde des polnischen Tagebaus.

Meine Mutter arbeitete zunächst beim Riedel-Bauer, nur kurzzeitig unterbrochen durch meine Geburt. Als ich drei war und in den Kindergarten konnte, begann sie, im VEB (K) Möbelwerkstätten Olbersdorf als ungelernte Arbeiterin ihre Brötchen zu verdienen. Dort machte sie zusammen mit einem erfahrenen Tischler die körperlich schwere Arbeit als Furriererin, aushilfsweise auch als Verleimerin, bei der Herstellung der Tischlerplatten. Als der Betrieb die Herstellung von Wohnzimmer-Möbeln, also Buffett und Kredenz, eingestellt hatte und nur noch Gehäuse für Klaviere des Seifhennersdorfer Betriebs des

VEB Deutsche Piano-Union Leipzig (früher Röhnisch) der Marke Zimmermann (heute zu C. Bechstein, Berlin) baute, musste sie sich qualifizieren. Um Klavierhämmer konfektionieren zu können, wurde sie etliche Wochen alltäglich nach Seifhennersdorf gefahren und dafür angelernt. Diese Arbeit der Hammerfertigung, das Auswählen (nach Klang) der Stiele, das Einstielen und das Schleifen der Filzköpfe, hat sie dann noch einige Jahre als Rentnerin gemacht.

Mein Bruder Helmut wollte schon als Kind Bauer werden und war in Pferde vernarrt. Nach seinem Schulabschluss begann er eine landwirtschaftliche Lehre. Dazu musste er mit 14 Jahren zum Lehrbauern nach Dittelsdorf ziehen und in einer Gesindekammer wohnen. Dort hat es ihm gar nicht gefallen. Nach der Berufsausbildung wechselte er zu einem Bauern nach Kiesdorf. Auf diesem Hof hat ihm die Arbeit wohl wesentlich mehr Spaß gemacht, nicht nur die mit den Tieren, auch auf dem Feld. Da lernte er auch die Verkäuferin beim Bäcker näher kennen. 1958 heiratete er dann seine Christa, eins von sieben Kindern der alleinerziehenden Herta Fechner aus Dittersbach. Wohnung und Arbeit fand die junge Familie bei einem Bauern in Dittelsdorf. Ihre drei Kinder haben eigene Familien mit jeweils zwei Kindern. Und Helmut kann sich über Urenkel freuen.

Altersrente bekamen in der DDR Frauen ab dem 60. Geburtstag und Männer ab 65. Meine Mutter hat noch einige Jahre „verkürzt" als Hammerfertigerin gearbeitet und es genossen, endlich mehr Geld bekommen zu können: zum bescheidenen Lohn noch ebenso bescheidene Rente. Nach einem Herzanfall (Infarkt?) war sie allerdings später eine Weile im Krankenhaus. Einen zweiten Infarkt hat sie nicht überlebt. Wir haben sie noch am 6. März 1982 besucht und zum kommenden Frauentag (8. März) ein kleines Geschenk nach Olbersdorf gebracht. Am Sonntag ließ mein Vater bei unserer Hauswirtin anrufen und uns von einem „Anfall" berichten. Ich fuhr sofort nach Olbersdorf und versuchte es mit Wiederbelebung, es war zu spät. Dr. Lammel konnte wenig später nur noch den Tod feststellen, ein halbes Jahr vor ihrem 70. Geburtstag. Am gleichen Tag war übrigens auch der Filmregisseur Konrad Wolf (56) gestorben.

Mein Vater hat dann noch drei Jahre allein gelebt. Seinen Haushalt führte er wie bisher und organisierte auch seinen 80. Geburtstag samt einer Feier in der Bar der Zittauer Gaststätte „Dreiländereck". In diesem Lokal, das früher als Café Ackermann ein recht vornehmes Restaurant in Zittau war, hatte er übrigens noch vor seiner Arbeit in Espenhain bei einem umfangreichen Umbau mit gearbeitet. Als ich ihm mit den beiden Jungs am Sonnabend, den 24.

August 1985 besuchen und wieder Mittagessen, was Gundel in diesen Jahren immer für ihn zum Wochenende mit kochte, bringen wollte, lag er tot in seinem Bett.

Olbersdorf und seine Infrastruktur

Mit heutigen Augen betrachtet war Olbersdorf in vielerlei Hinsicht privilegiert. Der Ort verstand es, die ausgezeichnete geographische Lage zwischen der einst reichen Stadt Zittau und den als Urlaubsgebiet rasch an Bedeutung gewinnenden Gebirgsgemeinden gut zu nutzen und daraus Kapital zu schlagen. Allein die zahlreichen Industriebetriebe trugen zum Wohlstand des Dorfes bei und trotzten erfolgreich der Konkurrenz aus dem benachbarten Zittau. Auch später noch, als die Auswirkungen der verlorenen Kriege wirksam wurden, waren die Folgen dieser erfolgreichen Kommunalpolitik wenn auch in abgeschwächter Form durchaus noch positiv zu bemerken.

Als begüterte und engagierte Zittauer um den Rechtsanwalt Thiemer eine Schmalspur-Eisenbahn mit 750 mm Spurweite von Zittau nach Oybin initiierten, unterstützte Olbersdorf dieses Vorhaben. Als die „Zittau-Oybin-Jonsdorfer Eisenbahngesellschaft" ZOJE (auch „Zug ohne jede Eile" genannt) 1890 eröffnet wurde, bediente sie drei Bahnhöfe direkt im Ort und zwei an den unmittelbaren Ortsrändern: Zittau-Vorstadt, Olbersdorf-Niederdorf, Olbersdorf Zeisigschänke, Bahnhof Bertsdorf und Oybin-Wittigschänke. Erst 1906 wurde die Bahn verstaatlicht und der Königlich-Sächsischen Eisenbahn zugeordnet. Wegen des hohen Verkehrsaufkommens fand zwischen den Bahnhöfen Vorstadt und Bertsdorf bis 1945 sogar zweigleisiger Betrieb statt. Alle größeren Betriebe im Ort, auch der Braunkohle-Tagebau, hatten eigene Gleisanschlüsse.

Von 1906 bis 1926 erzeugte das Olbersdorfer Elektrizitätswerk Strom. Dann wurde dieses „Eltwerk", als Namen einer Bushaltestelle noch Jahrzehnte später in Gebrauch, zum Umspann-Werk bis es schließlich als Wohn- und Ferienhaus des VEB Energieversorgung Dresden diente.

Um 1922 erwachte im Oberdorf eine rege Bautätigkeit. Da entstanden zum einen etliche neue Siedlungshäuser. Gleichzeitig wurde begonnen, ein großzügiges Freibad zu errichten. Die festliche Eröffnung mit 10 m-Sprungturm und 50 m-Schwimmstrecke fand 1923 statt. Die hölzernen Bauteile wie Sprungturm, Startbrücke, kleine Brücke und „Baby-Bank" mussten gelegentlich ersetzt werden. Die Startbrücke mit Startblöcken entstand zuletzt aus Beton. Die kleine Brücke hatte einen „Galgen" an dem Schwimm-Eleven mit Schwimmring (aus Kork) angebunden werden konnten. Außerdem war hier eine rustikale Dusche am Geländer befestigt. Das Duschwasser musste mittels Hand-Schwengelpumpe aus dem Badeteich zur Brause

29

gefördert werden. Der Zulauf stets frischen Wassers in das große Becken konnte über eine offene Kaskade im Bereich des seichten, knietiefen Wassers im Nichtschwimmerbereich beobachtet werden. An heißen Tagen gab es meist auch unerschrockene Badegäste, die sich in diesen Zulauf mit dem fürchterlich kalten Quellwasser legten. Weiterhin schwammen in den ersten Jahren Stämme im Wasser: ein kurzes (1 m) und ein längeres (2 m) Rundholz sowie ein Kreuz aus etwa 2 m langen Rundhölzern, alle etwa 20 cm im Durchmesser. Zwar holte man sich da beim Spielen gelegentlich Schiefer und blaue Flecken, von eingeschlagenen Zähnen ist aber nichts bekannt. Im Hochsommer wimmelte es „im Seichten" von Kaulquappen, ohne dass sich da jemand sonderlich dran störte. Eine Zeit lang stand an der Grenze zwischen Schwimmer- und Nichtschwimmerbereich (abgetrennt durch eine mit Schwimmkugeln versehene Schnur) eine Rutsche aus Stahlrohr mit Plaste-Rutschbahn. Das Ding war unmöglich, wurde demzufolge kaum genutzt und stand auch nur wenige Jahre. Zunächst war die Rutschfläche nass zu spritzen (entweder mittels einer Handschwengel-Kolbenpumpe oben am Start – man musste ganz schön „plumpen", bis endlich Wasser oben ankam – oder von unten und mit der Hand!), sonst rutschte gar nichts, nur die Badehose qualmte. Dann war vor dem Ende, ehe man ins Wasser flog, ein scharfer Knick in der Bahn, der einen ganz schön zusammen stauchte. Außerdem bestand immer die Gefahr, sich zwischen Bahn und Rohrgestell die Finger einzuquetschen beziehungsweise ganz abzureißen. Heute würde so ein Eigenbau-Gerät wohl nie den Segen des Spielgeräte-TÜV erhalten.

Damit der stetig zunehmende Durchgangsverkehr von Zittau ins Gebirge nicht länger durch das Dorf führen musste und dort die Landwirte und Bewohner behinderte, belästigte und gefährdete, wurde 1926/27 außerhalb der Bebauung, parallel zur Dorfstraße eine „Entlastungsstraße" gebaut. Über das damals eingebaute Granitpflaster wurde erst in den 60er Jahren Asphalt gebracht. Uns Schülern war es bei Strafandrohung strengstens verboten, diese Straße (ohne Aufsicht) zu benutzen. Heute hat sie einen Namen: „Dr.-Friedrichs-Straße" nach dem ersten sächsischen Ministerpräsidenten der Nachkriegszeit.

Als Schulweg hatte eine so genannte Gasse benutzt zu werden, die neben der Dorfstraße verlief und die in zweiter Reihe befindlichen Grundstücke erschloss. Sie verlief von der Stadtgrenze bis zur Drogerie und erst oberhalb dieser durften wir auf dem Bürgersteig der Dorfstraße gehen. Der Zugang zur Schule kreuzte die Entlastungsstraße. Zur Vermeidung von Gefahren führte der Weg durch ein „Tunnel" unter die damals nach heutigem Verständnis wenig befahrene Entlastungsstraße.

Die Schule übrigens wurde im gleichen Zeitraum wie das Volksbad erbaut und 1929 eingeweiht. Als dreizügiges Schulhaus für acht Klassenstufen entworfen war sie so großzügig, dass in der DDR die dann üblichen neunten und zehnten Klassen ohne größere Probleme aufgenommen werden konnten. Die neuen Klassenzimmer entstanden unter dem Dach (und wiesen nicht ganz den „Komfort" der regulären Zimmer auf) und aus den bisherigen Physik-, Chemie- und Werkräumen. Für diese wurde dann das „Polytechnische Zentrum", ein neues Gebäude im gleichen Stil rechtwinklig zur Turnhalle errichtet. Viele Leistungen erfolgten durch unentgeltliche Arbeiten der Lehrer und Eltern. Mein Vater holte sich als Zimmermann da auch eine Goldene Aufbaunadel, vor allem beim Errichten des Dachstuhls. Neben den Klassenzimmern im Hauptgebäude (mit abgewinkelten Seitenflügeln und einem Turm mit Uhren in der Mitte) gab es natürlich eine Hausmeister-Wohnung, eine eigene Küche mit Essensaal, einen Kinoraum und ein Musikzimmer. Zur Schule gehörte noch eine große Turnhalle, die auch für öffentliche Veranstaltungen genutzt werden konnte, weil sie sowohl mit Bühne, als auch mit Empore ausgestattet war. Der Verbindungsgang zum Schulgebäude war überdacht und einseitig zum Schulhof hin offen. Er wurde als solcher nicht mehr genutzt; wir haben da unsere Fahrräder abgestellt.

Die Schulturnhalle war auch die Trainingsstätte der Olbersdorfer Sportvereine, die sich am 14.4.1958 zur „Turn- und Sportgemeinschaft Olbersdorf" (TSG) zusammengeschlossen hatten. Das waren die einstigen vier Betriebssportgemeinschaften (BSG) Aktivist, Stahl, Aufbau und Motor. Neben Fußball gab es in der TSG noch die Sektionen Kegeln, Leichtathletik, Faustball, Schwimmen, Billard sowie Frauen- und Kinderturnen. Die alte Turnhalle ist nach Einweihung der Schulturnhalle zum Kino umfunktioniert worden. Der daneben liegende Sportplatz (Schlacke, ohne Laufbahnen und Tore) diente aber weiter als Schulsportplatz; er befand sich nur 100 Meter neben der Schule.

In der jüngsten Vergangenheit war das Schulgebäude für die wenigen Olbersdorfer Kinder zu groß, auch eine Folge der allgemein beklagten demographischen Entwicklung. Weil zudem wegen der geplanten Bergbauaktivitäten eine neue Schule im Neubaugebiet errichtet worden war, wurde die alte unter Denkmalschutz gestellt. Aufwendig energetisch wie auch sicherheitstechnisch saniert dient sie seit 2011 als Förderschule „Friedrich Fröbel".

31

Auf einer Anhöhe östlich des Dorfes, dem Kaltenstein, befand sich der Fußballplatz als Hartplatz. Daneben stand ein Gebäude, das auch als Jugendherberge oder so gedient hatte. Hier wurden die ältesten Zeugnisse der Olbersdorfer Bergbaugeschichte (Stolleneingang) gefunden. Unter hohen Bäumen dahinter lag ein kleiner See, der im Winter regelmäßig zufror. Auf diesem Eis habe ich meine einzigen halbwegs anständigen Schlittschuh-Runden gedreht, mit geliehenen „Schecksen". Vorher habe ich mir beinahe die Füße gebrochen auf einer zugefrorenen Pfütze in der Lehmgrube der alten Olbersdorfer Ziegelei. Die im Schrott gefundenen verrosteten Holländer-Schraubendampfer waren wirklich untauglich für Schlittschuhlauf-Anfänger. Wegen des beschwerlichen Zugangs zum Kaltenstein wurde von den Sport begeisterten Dorfbewohnern ein neuer Fußballplatz ins Auge gefasst. Als NAW-Maßnahme, also mit viel unentgeltlicher Arbeit auch meines Vaters, entstand dieser um 1960 neben dem Volksbad an der Jonsdorfer Straße mit feinem Rasen und einer Baracke zum Duschen und Umkleiden. Das alles wird nach etlichen An- und Umbauten bis heute vor allem von den Fußballern des FV Rot-Weiß 93 Olbersdorf genutzt.

Jürgen kommt

Nach dem Krieg hatte natürlich auch Olbersdorf etliches von seinem ehemaligen Glanz verloren, war aber vergleichsweise gut über die schlimme Zeit gekommen. Nur, meine Eltern als argwöhnisch beäugte Ankömmlinge, Umsiedler und Habenichtse hatten nichts davon, wollten und konnten sich lange Zeit nicht heimisch fühlen. Dazu kam, dass sie nun allein waren, hatten die Heimat und alles Hab und Gut verloren, die Tochter gestorben, der Sohn aus dem Hause. So entschlossen sie sich wohl, ein weiteres „Kind zu bestellen". Meine Mutter ist bis kurz vor der Geburt noch auf dem Felde vom Riedel-Bauern arbeiten gewesen. Als der Termin herangekommen war, fuhr sie, inzwischen fast 37 Jahre alt, mit dem Fahrrad und allen Utensilien in die Zittauer Frauenklinik zur Entbindung. Die meiste Strecke ging bergab. Den Töpferberg musste sie hoch laufen und konnte oben mit ihrem Bauch nicht mehr aufsteigen. So ist sie das letzte Stück bis zur „Frauenklinik" in der Schillerstraße gelaufen und konnte sich nur am Fahrrad fest halten. Ich kam dann am Sonntag, den 28. August 1949 so gegen 9 Uhr auf die Welt. Es war für die Eltern wohl eine herbe Enttäuschung, dass ich kein Mädchen war. Aber es gab nun mal keine zweite Wera. Der inzwischen 16jährige Helmut war ohnehin nicht angetan von einem neuen Geschwister.
     Während die Geburt und meine ersten Lebenstage wohl problemlos verlaufen waren, machte ich danach ernsthafte Schwierigkeiten. Ich konnte keine Nahrung aufnehmen, alles mühsam Eingeflößte habe ich unverzüglich wieder erbrochen. Der hinzugezogene Olbersdorfer Arzt Dr. Mathe verordnete schließlich ein Medikament, was angeblich für Neugeborene wegen koronaler Nebenwirkungen viel zu stark und deshalb nur tropfenweise einzunehmen war. Dies hat nach bangen Tagen (oder Wochen?) angeschlagen, ich behielt wieder etwas Nahrung in mir und nahm endlich an Gewicht zu.
     An meine Taufe kann ich mich natürlich nicht erinnern. Sie fand jedenfalls am 13. November 1949 in der evangelisch-lutherischen Kirche zu Olbersdorf statt. Mein Taufspruch war: „Lasst euch nicht fortreißen durch verschiedenartige und fremde Lehren; denn es ist gut, dass das Herz durch Gnade befestigt werde, nicht durch Speisen, von denen die keinen Nutzen hatten, die danach wandelten." (Hebräer 13.9). Als meine Taufpaten hatten die Eltern meinen Cousin Gottfried Wittig aus Neukirch/Lausitz, Reinhold Klaus aus Schlegel, Irene Prescher aus Zittau und Else Ressel aus Niederoderwitz ausgesucht.

Außer Gottfried alles ehemalige Nachbarn aus der alten Heimat meiner Eltern.

Naturgemäß hängen meine frühesten Kindheitserinnerungen mit dem Riedelschen Bauernhof zusammen. Die Bauern hatten eine Tochter Christel, die ein Jahr älter als ich war. Wir beide verbrachten viel Zeit miteinander. Von den Tieren des Hofes denke ich mit Schrecken nur noch an einen recht aggressiven Hahn, der uns Kinder gern attackierte. Wir wohnten in zwei Kammern im Obergeschoss des Wohnhauses, den ehemaligen Gesindestuben. Wie dort geheizt und gekocht wurde, weiß ich nicht mehr. Im „Wohnzimmer" hing an der Wand der Regulator, den meine Eltern neben Fahrrädern und Nähmaschine aus Dornhennersdorf mitgebracht hatten. Mein Vater erklärte mir daran die Uhrzeit, kaum dass ich die Zahlen auseinander halten konnte, und verdeutlichte mir die Viertelstunden anhand von entsprechenden Kuchenteilen, eben den Vierteln. Seitdem heißt es nicht nur bei mir immer „viertel" und „dreiviertel" und nicht „viertel vor" oder „…nach".

Als ich drei Jahre alt war, kam ich in den Kindergarten. Das war eine kleine Baracke, eigentlich ein größerer Bungalow, mit braun gestrichener Holzfassade. Er befand sich zwischen Eltwerk und Schule, ist nun schon längst abgerissen. Meine Mutter brachte mich eines Morgens mit dem Fahrrad hin. Ich weiß nicht mehr, ob meine Mutter schon in die Fabrik ging oder noch auf dem Riedel-Gut arbeitete, jedenfalls war mein Aufenthalt im Kindergarten nötig und bei Kindern meines Alters allgemein üblich, damit die Mütter tagsüber arbeiten und Geld verdienen konnten. Ihre anfänglichen Sorgen am ersten Tag, ich würde nicht dort bleiben wollen, zerstreuten sich sofort. Eine gleichaltrige Rosita nahm mich einfach bei der Hand und bezog mich in das Spielen der anderen Kinder ein, so dass ich meine Mutti sofort vergaß und mich gleich wohl fühlte. Das blieb auch so. Selbst später noch ging ich gern in den Kindergarten und wollte sogar an Mutters freien Tagen (beispielsweise den monatlichen Hausarbeitstagen) nicht zu Hause bleiben. Schlimm war nur, wenn es mittags Gräupchen mit gekochten Fleischstückchen gab - dieses Futter habe ich noch Jahrzehnte später verabscheut. Das Fleisch habe ich manchmal bis nach dem Mittagsschlaf in den Wangentaschen versteckt, um es dann später unbemerkt ausspucken zu können. Wenig appetitlich war auch die tägliche Ration Lebertran. Nur wer seinen Teelöffel voll dieses öligen Zeugs brav geschluckt hatte, kriegte eine (!) Liebesperle, winzige gefärbte Zuckerkügelchen aus Görlitz, zur Belohnung. Einmal hatte ich Dummheiten beim Essen gemacht und musste zur Strafe allein in der

Küche essen. Das war ein kleiner Raum, wo der Heizkessel stand, das Essen portioniert wurde und sich die damals Kindergärtnerin genannten Erzieherinnen umzogen und aufhielten. Als sich eine von ihnen nach meinem Befinden und der Wirksamkeit der Erziehungsmaßnahme erkundigen kam, habe ich ihr freudestrahlend entgegen gerufen: „Hier schmeckt's eigentlich auch ganz gut!" und damit die ganze Pädagogik versaut.

Es gab nur zwei Gruppen in je einem Zimmer, das als Spiel-, Ess- und Schlafraum diente. Die Kleine Gruppe der Drei- bis Fünfjährigen war zahlenmäßig viel größer und nutzte das größere Zimmer. Im kleineren Raum waren die Kinder des letzten Jahrganges vor dem Schuleintritt. Nur zwei Erzieherinnen und ein Hausmeister und Heizer kümmerten sich sichtbar um unser Wohl. Wer für Reinigung und Sauberkeit im Hause sorgte, blieb unsichtbar für uns. Im Garten war ein großer Sandkasten, Wiese und eine niedrige Natursteinmauer, von der man (heimlich) todesmutig herunterspringen konnte. Außerdem gab es noch einen Schuppen, der sich hervorragend zum Versteck-Spielen eignete, und jede Menge sehr interessante Kohlweißling-Raupen an den Blättern der an der Hauswand rankenden Kapuzinerkresse.

Wenn bei schlechtem Wetter drinnen geblieben werden musste, was die lästige Anzieherei entbehrlich machte, waren vor allem die freien Spiele interessant. Hoch im Kurs standen hölzerne Zwirnrollen und auch die Heizkörperventile, die man als Lenkradnabe eines Busses ansehen konnte. Dabei war der erste auf seinem Stühlchen der Busfahrer, dahinter saßen die anderen „Fahrgäste" und ein „Schaffner" fand sich auch meistens.

Ich erinnere mich auch an die Tränen der jungen „Tanten". Eine weinte mal mehrere Tage ununterbrochen aus Liebeskummer. Da waren wir ganz artig und guckten nur verstört. Die andere heiratete gerade zu meiner Zeit. Als wir ihr im Olbersdorfer Standesamt, so etwas gab es damals tatsächlich im mittlerweile abgerissenen Gemeindeamt, ein Ständchen brachten, weinte auch sie, allerdings vor Freude.

Es muss die Abschiedsveranstaltung der Kindergartenzeit gewesen sein: eine Fahrt nach Dresden. Meine Mutter begleitete uns neben etlichen anderen „Elternteilen". Wir fuhren natürlich mit dem Zug, als Gruppenfahrt von lauter Unter-Sechsjährigen war der Fahrpreis eine Bagatelle, denn Reisende im Alter bis zu sechs Jahren beförderte die Deutsche Reichsbahn kostenlos. Mit der Straßenbahn ging es vom Hauptbahnhof zum Zoo. Zwischen großen Bäumen, umgeben von saftigen Wiesen sah ich da (an der Wiener Straße) zum ersten Mal richtige Ruinen, Überbleibsel des Zweiten Weltkriegs, der damals ja gerade erst zehn Jahre vorüber war. Im Zoo selbst waren natürlich die exotischen Tiere die Attraktion. Es gab auch einen Zoo-Fotografen und sehr, sehr kleine Löwenbabys. Mit denen konnte man sich auf einer Bank fotografieren lassen. Viele machten das auch, meine Mutter war etwas ängstlich und erlaubte mir das nicht.

Alles in allem war die Zeit im Kindergarten herrlich. Als ich dann in die Schule ging, fiel mir die Trennung schwer. Auf dem Weg in den Schulhort musste ich deshalb oft mal fix im Kindergarten Halt machen und „'was trinken".

In einem kleineren Haus neben dem Riedelschen Gut wohnte ein, wie mir damals schien, sehr alter und geheimnisvoller Rentner. Ich besuchte ihn gern - er hatte zu allem eine meist kritische Meinung. Außerdem verstand er es, „zwischen den Zeilen zu lesen"! In meiner Vorstellung, ich hatte ja noch nicht lesen gelernt, konnte das nur bedeuten, dass er aus bestimmten Buchstaben und Abständen von zwei übereinander liegenden Zeilen geheime Informationen zu lesen im Stande war! Und dann zeigte er mir manchmal Bleistiftzeichnungen von Landschaften und Gebäuden sowie Portraits, die er oder eine frühere Freundin in Zeiten angefertigt hatte, als noch nicht jeder einen Fotoapparat hatte. Die Detailtreue und Sauberkeit der kleinen Kunstwerke hat mich immer sehr beeindruckt.

Umzüge zu Post- und Külzstraße

Als ich dann fast vier Jahre alt war, verließen die Riedels bei Nacht und Nebel ihren Bauernhof und gingen in den Westen. Das zurück gelassene (herrenlose?) Gut wurde zu einer Keimzelle der gerade entstehenden LPG (Landwirtschaftliche Produktionsgenossenschaft). Die Einzelheiten und Zusammenhänge habe ich nicht mitbekommen und auch später nicht erfragt. Ich war nur traurig, dass meine Freundin nicht mehr da war. Ob wir „Umsiedler" der neuen Agrarpolitik im Wege waren oder kommunale Wohnungspolitik es erforderte, wir mussten jedenfalls ausziehen. Es traf sich gut, dass zur gleichen Zeit auch Dr. Mathe die junge DDR in Richtung Westen verlassen hatte. Die frei gewordenen Wohn- und Praxisräume des von den Leuten „Doktorhaus" genannten stattlichen Gebäudes wurden drei Familien als Wohnungen zugewiesen. Diese lagen im Erdgeschoss des Hauses in der Poststraße zwischen Postamt und Bahnhof Olbersdorf-Niederdorf. Die ehemalige Praxis hatte einen separaten Eingang und wurde von einem Lehrerehepaar Jensch bezogen. Frau Jensch war in der zweiten Klasse meine Klassenlehrerin, bei Herrn Jensch hatten wir in der achten Klasse Biologie. Das Paar baute sich später nahe dem Volksbad ein Einfamilienhaus.

Wir bezogen zwei Zimmer (einst Küche und Esszimmer), eine Abstellkammer und einen „Speisekammer" genannten winzigen Vorratsraum der ehemals ärztlichen Wohnung. Die übrigen Zimmer bewohnten Familien mit mehreren Kindern - Toilette und Badezimmer mit Wanne wurden gemeinsam genutzt. In einem unserer Zimmer stand ein Küchenherd mit Turm, Back- und Wärmeröhre und Wasserpfanne. Diese Küche nutzten wir zunächst als Wohnküche. Später hat mein Vater mit beeindruckender Rußentwicklung diesen Ofen abgerissen und aus dem dann nicht mehr zu beheizenden Raum unser neues gemeinsames Schlafzimmer gemacht. Als neue Küche wurde der mit einem neuen Kohle-Beistell-Herd und einem Gasherd versehene Abstellraum hergerichtet. Da im ehemaligen Esszimmer, der von uns bislang als Schlafzimmer genutzte Raum, noch ein großer Kachelofen stand, gewannen wir mit diesem Umbau ein schönes Wohnzimmer. Mein Bett stand in jedem Fall im elterlichen Schlafzimmer.

Ein paar Worte zur Heizung in diesem Hause. Es wurde vorzugsweise mit Kohle geheizt - meist Braunkohle-Briketts, gelegentlich auch Rohbraunkohle und gepresster Kohlegrus. Zum Entfachen des Feuers diente Papier und Holz. In den Wohnräumen

37

standen große Kachelöfen und in den Küchen Herde. Allerdings gab es auch Stadtgas zum Kochen und vor allem zur Warmwasserbereitung mittels Durchlauferhitzer im Bad. Die Kohlevorräte lagerten im Keller und in Schuppen. Weil Briketts relativ teuer waren, boten hiesige Kohlehändler auch so genannte „Batzen" an. Das waren mit den Maschinen der örtlichen Ziegelei aus Olbersdorfer Braunkohle hergestellte Presslinge in der Größe eines Normalziegels. Die hatten zwar keinen hohen Heizwert, hielten aber gut die Glut. Die Asche wurde im Aschekasten nach draußen getragen und in eine gedeckte Aschegrube geschüttet. Da machte eventueller Wind viel Freude, auch beim Öffnen und Schließen der stählernen Klappe. Einmal im Jahr kamen dann Gemeindearbeiter und entleerten mit großen Schaufeln die Grube in bereitstehende Fuhrwerke. Der dabei aufgewirbelte weit umherfliegende Aschestaub war unerträglich.

Neben den Mieterkellern zur Bevorratung von Konserven, Kartoffeln und Kohlen befand sich im Kellergeschoss des Hauses ein anderenorts Waschküche genanntes Waschhaus. Kein Mieter hatte damals eine Waschmaschine. Im äußersten Winkel des Waschhauses stand ein massiv eingemauerter mit Holz und Kohle zu beheizender emaillierter Kessel. An den Wänden hingen und standen große Holz- und Zinkwannen. Erstere wurden vor Benutzung „eingeweicht", damit das Holz aufquellen konnte und die Wanne dicht wurde.

Überhaupt spielt diese Wohnung in meinen Kindheitserinnerungen eine wesentliche Rolle, obwohl wir da nur sechs Jahre wohnten. Dafür stand das Alter mit einem wachen, sehr aufnahmefähigen Geist, die interessante Lage im Ortszentrum und vor allem, dass in unmittelbarer Nähe sieben Gleichaltrige wohnten, die alle in dieselbe Klasse gingen.

Die Poststraße zweigte rechtwinklig von der Dorfstraße ab, querte Kleinbahn und Entlastungsstraße und führte, dann allerdings als unbefestigter Feldweg, auf die angrenzenden Felder. Dabei teilte sie die Kleingartenanlage „Rothe" in zwei Abteilungen. Hundert Meter weiter auf freiem Feld stand eine Feldscheune - ein idealer Spielplatz: drinnen in Strohgängen, draußen auf Strohballen beim Drachensteigen. Die Dorfstraße übrigens hieß wie in den meisten Dörfern der Region August-Bebel-Straße. Sie führte entlang des Dorfbaches, genannt Goldbach, vom Ortsausgang Zittau bis zur Apothekenkreuzung. Dieser Knotenpunkt neben der Hubertus-Apotheke entstand, indem die alte Dorfstraße, dann als Ernst-May-Straße weiterführend, die Straßen nach Jonsdorf und Oybin (Julius-Ringehan-Straße) kreuzte. Der Dorfbach floss meist reguliert zwischen massiven Bachmauern und führte selbst in heißesten Sommern immer Wasser, was für die zahlreichen Mühlen (im Jahre 1732 schon gab es 13 Wassermühlen bei lediglich 192 Häusern) sehr vorteilhaft war und zum regulären Namen Goldbach führte. Gegenüber der Poststraße führte eine kurze unbefestigte Allee, der „Kirchberg" zur evangelischen Kirche und zum Friedhof. Hier standen auch das Pfarrhaus und das nach Luther benannte Gemeindehaus. Die Kirche wurde erst 1883 im Stil der Neogotik nach Plänen des Lemberger Architekten Hermann Knothe-Seeck errichtet. Die katholische Kirche in Zittau wurde zur selben Zeit vom selben Architekten entworfen; das sieht man den beiden auch an. Nur hundert Jahre später ist das Olbersdorfer Gotteshaus übrigens entweiht und gesprengt worden, um dem Braunkohle-Tagebau Platz zu machen.

An der Kreuzung Poststraße/August-Bebel-Straße befanden sich das Gemeindeamt, die Sparkasse (eine Filiale der Kreissparkasse Zittau) und der Kretscham. Dieser wurde aber in den 50er Jahren als Konsum-Lebensmittelladen umgebaut; zunächst noch mit Verkäuferinnen hinter der Theke, bald als erster Selbstbedienungsladen im Dorf. 2010 ist er dann endlich, inzwischen arg verfallen, abgerissen werden. Nicht weit entfernt war noch ein kleiner privater Laden, der nur von einem, wie mir damals schien, betagten Ehepaar betrieben wurde. Das Angebot war bescheiden, die Preise einheitlich und dennoch kauften viele Leute dort ein und nicht nur im Konsum. Drei Dinge haben mich besonders beeindruckt: die großen Gläser mit losen Bonbons auf der Theke, der Zigaretten-Automat neben dem Schaufenster und das ganz eigenartige, uns Jungs immer wieder faszinierende Gefährt, mit dem der Inhaber gelegentlich Ware aus Zittau holte: ein „Vordelader" genanntes Dreirad mit offenem Sitz über dem knatternden Zweitakt-Motor. Nahe der Poststraße lagen an der Dorfstraße noch ein Damen- und Herrenfrisör Dietze, ein Sattler Israel, ein Schuster Kahlert, eine Tischlerei „Gebrüder Heidrich", eine Schmiede, ein Malergeschäft Ebermann, diverse Bauernhöfe und, etwas von der Straße zurückgesetzt, die Ziegelei, die wie schon vorn erwähnt nicht mehr viel zu produzieren hatte.

An der Poststraße selbst lag natürlich das Namen gebende Postamt unmittelbar neben dem „Doktorhaus". Das „Amt" bestand aus einem Schalterraum mit zwei Schaltern, von denen immer nur der linke geöffnet war, dem Dienstraum dahinter und einem winzigen Vorraum. Im Dienstraum stapelten sich die Postsachen und aus ihm dröhnte oft das lautstarke Abstempeln der Briefmarken. Dieser Stempel war schon beeindruckend: neben der Ortsbezeichnung, später auch die Postleitzahl, befand sich darin ein Mechanismus, mit dem

Datum und Uhrzeit des Stempelns eingestellt werden konnten, und daran wie bei einem Hammer ein langer Stiel. Und wie auch gestempelt wurde: abwechselnd schlug die Dame hinter dem Schalter auf das Stempelkissen und das Postgut. Fast immer gelang es ihr, den Stempelabdruck halb auf die Briefmarke, halb auf den Umschlag zu platzieren. Chefin der Post war anfangs eine Frau, die meine Eltern noch aus der alten Heimat kannten und die mit ihrem Mann die Dienstwohnung in der ersten Etage bewohnte. Die beiden blieben auch nach Erreichen des Rentenalters darin wohnen, weil die neuen Postangestellten dort nicht einziehen wollten und die Deutsche Post das Dienstwohnungswesen nicht verbissen sah. Gelegentlich besuchten wir die beiden alten Leutchen in dieser Wohnung. Es roch immer etwas streng nach Herztropfen. Vor allem faszinierte mich, dass auf dem Küchentisch stets so viele Fläschchen, Zeitungen und eigenartige Utensilien standen oder lagen, dass kaum Platz für die beiden Teller war, wenn gegessen werden sollte.

Zwischen Post und Konsum war noch ein großer Schweinestall der LPG „Glückauf", der mir nur wegen manchmal unerträglichen Lärm und Gestank auffiel.

Im Jahre 1959 ergab sich, dass ein neuer Chefarzt im Zittauer Krankenhaus eine Wohnung und seine Frau als praktizierende Ärztin Praxisräume brauchten. Da Jensch-Lehrers ohnehin in ihr neues Eigenheim zogen, die dritte Mietpartei wieder nach Zittau umziehen wollte, brauchten nur Hofmanns noch umzuziehen und schon wäre eine entsprechende Wohnung mit angrenzender Praxis für das Arztehepaar frei. Nach zwei oder drei unzumutbaren Angeboten, ich erinnere mich noch an die Kammern im Obergeschoss eines damals als Stellmacherei genutzten Bauernhofes, wurde uns eine Zweiraum-Wohnung mit Küche, Veranda, Flur und innen liegendem Trockenklo (!) auf der benachbarten Külzstraße zugewiesen. Die Vormieterin hatte zwecks Familienzusammenführung in die Bundesrepublik übersiedeln dürfen. Diese höchst offizielle Wohnungszuweisung, in der DDR durfte jedermann nur in eine ihm vom kommunalen Amt (für Wohnungswesen oder   -wirtschaft) zugewiesene Wohnung einziehen, wie auch jeder der wenigen noch privaten Hauseigentümer nur einen ihm vom Amt zugewiesenen Mieter eine Wohnung vermieten durfte (beziehungsweise musste), hat wohl bei Einheimischen und Nachbarn für Aufregung gesorgt. Wir waren ja immer noch Zugereiste oder Ausgewiesene oder „Rausgeschmissene" und vor allem nur drei Personen. Da war die zugewiesene Wohnung für uns viel zu groß!

In den drei Wohnetagen des Hauses Külzstraße 8 wohnten zu diesem Zeitpunkt 28 Personen in fünf Wohnungen! Nun kamen wir drei und nahmen die sechste Wohnung mit amtlichen Segen in Beschlag. In jeder Etage waren eine Zweizimmer- und eine Dreizimmer-Wohnung mit je einer großen Küche, Flur, „Veranda", zwei winzigen Vorratskammern und dem erwähnten meist grässlichen Gestank verbreitenden Trockenklo. In den Dreiraum-Wohnungen wohnten immer zwei Familien; eine hatte dann die Küche als zweiten Wohnraum und die anderen kriegten zu ihren zwei Zimmern einen Wasserhahn mit Ausgussbecken auf dem Flur. Die Gemüter beruhigten sich allmählich, zumal sich die Wohnsituation im Haus bald durch Auszüge, Westflucht und Sterbefälle entschärfte.

Ich erinnere mich an das Jahr des Umzugs, den wir übrigens ganz allein mit Hilfe eines von Mutters Betrieb geliehenen Handwagens bewältigten, so genau, weil an seinem Ende ein nach meinem Dafürhalten besonderes Silvester stand: ein Jahr mit einer Null folgte, 1960. Es stellte sich dann doch als gar nichts Besonderes heraus, weder Silvester und Neujahr, noch das ganze folgende Jahr.

Der Name der Straße war noch relativ neu, denn für alt eingessene Dorfbewohner hieß sie immer noch die Gochtstraße, wahrscheinlich benannt nach einer der früheren Honoratioren des Dorfes oder einem anliegenden Bauerhof. Mich störte zunächst der ewig lange vollständige Name, wenn ich ihn als Absender auf meine beginnende Korrespondenz zu schreiben hatte: Dr.-Wilhelm-Külz-Straße. Mein Vater erklärte mir dann bald, dass Külz längere Zeit Oberbürgermeister in Zittau gewesen war, sich dort zahlreiche Verdienste erworben hatte und im Übrigen bei der Bevölkerung auch wegen seiner allwöchentlichen Zeitungsartikel beliebt und geschätzt war.

Später erfuhr ich, dass Külz, bevor er nach Zittau kam, in Namibia für das Kaiserreich die Verwaltung in „Deutsch-Südwest-Afrika" organisiert, sich nach seiner Zittauer Zeit als Oberbürgermeister von Dresden mit den Nazis angelegt hatte und nach dem Krieg als Initiator und Gründer der Liberaldemokratischen Partei Deutschlands (im Osten) aufgetreten ist. Dieser Biografie verdanke ich meinen ersten Kontakt zu liberalem Gedankengut und leiser Sympathie für die LDPD, der wegen undespektierlicher Aufmüpfigkeit (von der SED initiiert) die National-demokratische Partei Deutschlands NDPD als Konkurrent in den Block der Nationalen Front (Blockparteien) an die Seite gestellt wurde.

41

Schulzeit

Im Jahre 1956 begann für mich der Ernst des Lebens. Irgendwann ging ich mit Mutti in die Schule und musste dort vor zwei Leuten (Lehrern?) zeigen, was ich schon kann. Da habe ich mich geärgert, dass ich mit dem Zählen schon bei Zwanzig aufhören musste, dabei konnte ich doch mühelos bis Hundert! Und die Uhrzeit beherrschte ich auch. Am 1. September 1956, es war ein Sonnabend, war Schuleintritt. Die Feier mit Vorträgen, Musik und allem Drum und Dran fand in der Schulturnhalle statt. Ich weiß nur nicht mehr, wann und wo ich meine große Zuckertüte bekommen habe. In deren Spitze war übrigens eine der damals gebräuchlichen spitzen braunen Papiertüten voller Bonbons. Mit Helmut und meinen Paten (ohne die verschollene Irene Prescher) feierten wir ein bisschen zu Hause auf der Poststraße. Nach der schulischen Feier gingen wir (fast) alle gemeinsam in die Kirche zum Schulanfangs-Gottesdienst. Da wurde nebenbei auch erwähnt, wann und wo außerschulischer Religionsunterricht und sonntäglicher Kindergottesdienst stattfände.

Spätestens zu diesem Zeitpunkt bemerkte ich, wie viele Gleichaltrige wir auf und nahe der Poststraße waren: Christian Seibt, Roswitha Seibt (nicht miteinander verwandt), Ursula Hänsch, Bärbel Pohl, Ute Wenke, Klaus Zwahr, Maria Pflug, Günther Schmidt, Christian Schmidt (auch nicht verwandt), Hansi Hahnspach, Roswitha Tauchmann, Bernd Herold, Roswitha Michel und Klaus Henschke. Alle gingen wir in meine Klasse, die 1 a mit insgesamt ungefähr 32 Schülern. Die schöne große Olbersdorfer Schule war dreizügig, das heißt in jeder Klassenstufe gab es drei Klassen. Die Ein- und Zuteilung erfolgte pragmatisch territorial: die Anzahl der Erstklässler wurde gedrittelt und die aus dem Niederdorf bildeten die a, die vom Oberdorf und den Siedlungen die c und alles, was dazwischen lag, also das (eigentlich gar nicht existierende) Mitteldorf die b. In meinem Jahrgang sollte die a vom Stadtrand zu Zittau bis zur Fröhlichschenke gehen, Bernd Herold von der Külzstraße war aber der oberste, in dem Falle der der Schule am nahsten Wohnende.

Am Montag dann war der erste Schultag. Unsere Klassenlehrerin hieß Frau Kraska, nicht mehr ganz jung, von kräftiger Statur - so schien sie uns und auch ziemlich streng. Wie in früheren Dorf- oder Volksschulen war sie im ersten Schuljahr unsere einzige Lehrerin. An Fächern hatten wir ja auch nur Lesen, Schreiben, Rechnen und Turnen. Ich fühlte mich jedenfalls schon nach den ersten Tagen unterfordert. Das erste „Diktat", es wurden nur Buchstaben abgefragt, war so simpel, dass ich beim Buchstaben I einen Strich machte, bloß um zu sehen, wie das ist, wenn man mal etwas nicht weiß. Kurz vor Weihnachten war ich ein paar Tage krank. Gerade in diesen Tagen lernten wir in Rechnen die Zahl Acht. Ich habe den „Stoff" zwar nachgeholt, habe aber eben nicht gelernt, wie man ordentlich eine Acht schreibt. Im ersten Halbjahr wurde übrigens nur mit Bleistift geschrieben! Sogar Buntstifte waren nicht erlaubt. Im zweiten Halbjahr sollten wir dann mit „Füllfederhaltern" schreiben. Die waren so lang wie ein (neuer) Bleistift und hatten ein mittels Kolbenmechanik aufzufüllendes Tintenreservoir. Was haben wir schön gekleckst am Anfang. Die Tinte musste zu Hause gefüllt werden; wessen Füller leer war, hatte mit Bleistift weiter zu schreiben und musste das dann zu Hause mit Tinte nachschreiben. Das half; kaum einer kam mit leerem Füllfederhalter zum Unterricht.

Vor und nach der Schule waren wir im Schulhort. Der war nicht in oder neben der Schule, sondern im Oberdorf in einer ehemaligen Gaststätte, dem mittlerweile abgerissenen „Rosengarten". Für mich und die anderen vom Niederdorf bedeutete das, früh mit dem Bus durchs ganze Dorf bis zum Wendeplatz fahren und die 200 Meter die Ernst-May-Straße hinunter zum Hort laufen. Der Hortnerin hatte man dann rechtzeitig den Schulbeginn zu sagen, für uns Kleine begann die Schule nicht immer mit der ersten Stunde, damit sie uns pünktlich in die Schule schicken konnte. Das war dann ein Fußweg, bis zur Drogerie an der Dorfstraße entlang, durch das halbe Dorf in die Schule. Fast immer kamen wir pünktlich. Nur einmal wollte die „Tante" wissen, wann wir losgehen sollen und wir sagten (versehentlich?), wann der Unterricht beginnt. Da kamen wir eine Stunde zu spät.

Der Hort hatte im Erdgeschoss nur drei Zimmer (in den Obergeschossen war ich nie) und davon diente noch eins als Schlafraum für die Erstklässler. Im Garten waren ein großer Sandkasten, eine Schaukel und eine Wippe. Von dieser habe ich mich mal runterfallen lassen, als die anderen mich „verhungern" lassen wollten. Dabei habe ich mir den rechten Ellenbogen so arg verstaucht, dass ich zwei Wochen mit einer Schiene herumlaufen musste. Näheres dazu habe ich weiter hinten in meinem Gesundheitswesen beschrieben. Der übrige Garten mit vielen hohen Bäumen war für uns Kleine recht groß. Wir haben vorzugsweise Verstecker, selten Hascher (Auswärtige sagten später „Einkriegezeck" dazu) gespielt. Manchmal wurden die „Autos" rausgelassen. Das waren Ketcars verschiedener Bauart. Am besten waren die mit Tretkurbeln, also Pedalen. Dann gab es welche,

43

die wurden mit der Hand angetrieben und mit den Füßen auf der Vorderachse gelenkt. Der Antrieb erfolgte mit Bewegungen ähnlich der beim Rudern entweder mit einem Seilzug wie bei heutigen Benzinmotor-Startern oder durch eine Stange, die ständig vor und zurück bewegt werden musste.

Neben dem Hort war der Kretschmar-Bäcker. Dort kauften wir aber allenfalls zwei Schmätzles (Baiser) für drei Pfennige. Und dann war dort die schon 1946 eröffnete Freihand-Gemeindebibliothek. Ich war einer der ersten Leser meiner Klasse, als man ab dem zweiten Schuljahr dort Mitglied werden konnte. Weil ich manche Bücher schon am Folgetag ausgelesen wieder zurück brachte, musste mich der Bibliothekar als Hüter des bescheidenen Kinderbuchbestandes dann bremsen; die anderen wollen ja auch mal was lesen.

Außerdem war der Wald nicht weit weg und wir gingen, natürlich gemeinsam als Gruppe, bei schönem Wetter oft dahin, zu Gerlachs Ruh', zum Funkwerk, zum Wasserhäusel und entlang des Flügelwegs. Wenn wir drinnen bleiben mussten, weil das Wetter es nicht anders zuließ, beschäftigten wir uns nach der festgelegten Zeit für das Erledigen der Hausaufgaben mit Spielen oder Basteln. In der Adventszeit wurden vorwiegend kleine Weihnachtsgeschenke gebastelt, aus Pappe, Papier und Stoffen und Garnen. Noch heute haben wir die Topflappen und Nadel-Mäppchen, die ich für Mutti gemacht hatte. Nur die handgewebte (oder -geknüpfte?) Kissenplatte ist weg. Bei all diesem saßen wir auf Freischwingern (im Bauhaus-Stil nach Marcel Breuer). Leider konnte man auf diesen Stühlen, wir nannten sie Knickerbocker, nicht kippeln.

Mehr ist zum Hort eigentlich nicht zu sagen. In der vierten Klasse hatten wir auch mal bis zur sechsten Stunde Unterricht. Wenn dann am Mittwoch noch Pioniernachmittag war, lohnte es sich nicht mehr, in den Hort zu gehen um dann gleich wieder zum Bus hetzen zu müssen. Da bin ich unverzüglich nach Hause gegangen, habe auf der Treppe die Hausaufgaben gemacht und gewartet, bis Mutti von der Arbeit kam und die Wohnung aufschloss. Daraufhin brauchte ich in den letzten Wochen des Schuljahres gar nicht mehr in den Hort, obwohl ich bis zum Ende der vierten Klasse hätte hinmüssen sollen. Und ich bekam einen eigenen Wohnungsschlüssel.

In der zweiten Klasse wurde unsere Wohnungsnachbarin Frau Jensch meine Klassenlehrerin. Aber wichtiger war, dass wir nun mit „fast richtigen" Füllern schreiben konnten. Es mussten allerdings die relativ kurzen so genannten „Pionierfüller" sein. Erst später hatte man in Olbersdorf die freie Füllerwahl. Kugelschreiber waren generell

44

verboten. Faserschreiber und dergleichen gab es ja noch nicht. Zum Schuljahresende musste ich eine erste Erfahrung machen, dass nicht immer der Beste der Erste ist. Obwohl ich den besten Zensurendurchschnitt in der Klasse hatte, wurde ein anderer (mit einem Buch, wahrscheinlich von der Patenbrigade) ausgezeichnet, „weil er die größte Leistungssteigerung zu verzeichnen hatte".

In der dritten und vierten Klasse ist nichts Aufregendes passiert. Wir kriegten ja in jedem Schuljahr ein anderes Klassenzimmer, diesmal eins unter dem Dach. Unser Klassenlehrer war nun Herr Schönfelder, der ein sehr guter Mathematiklehrer war, was uns aber nicht viel nutzte, denn wir hatten immer noch Rechnen. Bezeichnend für ihn war, dass er einem bei jeder Kleinigkeit ankündigte: „Du fliegst gleich achtkantig 'raus", es aber meist in letzter Konsequenz nicht forderte. Er war es auch, der mir beinahe Ärger gemacht hätte. Von einem Nachbarjungen mit Westbeziehungen hatte ich mir ein Mickey Mouse Heft geborgt. Als ich das im Unterricht auf den Knien gelegt las, erwischte mich Herr Schönfelder und konfiszierte es. Welch eine Schmach und Schande, in Rechnen westliche Schundliteratur zu lesen! Mein Vater holte es sich dann beim Direktor Lange-Willi ab, es war ja nicht mal mein Heft, nur geborgt, und ich wurde streng ermahnt.

Nach den Schuljahren eins bis vier konnten wir in den zwei Monaten Sommerferien jeweils zweimal drei Wochen an den Ferienspielen teilnehmen. Das war wie Hort, fand aber in der Schule statt. Wir wurden ganztags betreut, bekamen warmes Mittagessen und hatten dafür pro Woche eine Mark zu bezahlen. Zur Abschlussfeier, für die jede Klasse einen „kulturellen Beitrag" zu leisten hatte, gab es eine Tüte mit Obst und Süßigkeiten. Wir kriegten gleich heraus, dass der Wert des Inhalts dieser Papiertüte höher war, als die drei Mark für den ganzen dreiwöchigen Durchgang, dieser also praktisch umsonst war. Nach der ersten Klasse ging ich mit etlichen anderen unseres ersten Durchgangs jeden Morgen ins Olbersdorfer Volksbad. Dort erwarteten uns zwei Schwimmlehrer und brachten uns das Schwimmen bei. Das fand ich Klasse. Ich habe während meiner gesamten Schulzeit bei schönem Wetter nahezu jede freie Minute im Bad verbracht.

Alljährlich fanden in der festlich geschmückten Turnhalle Schulkonzerte statt. Jede Klasse hatte einen Beitrag zu leisten, große Talente waren natürlich besonders gefordert. Meist wurden kleine Sketche gezeigt, Gedichte rezitiert und Lieder gesungen. Das Programm war wohl recht abwechslungsreich und gar nicht so schlecht. Zu den Konzerten kamen natürlich alle Eltern und manch anderer Dorfbewohner auch, es gab schließlich noch kein Fernsehen

45

und Kino nur an drei Tagen in der Woche. Dieses Kino in der alten Turnhalle zeigte Mittwoch, Sonnabend und Sonntag jeweils 17 und 20 Uhr Filme, sonntags gab es um 10 Uhr eine Kindervorstellung. Etliche Jahre bin ich jeden Sonntag zu dieser Zeit ins Kino gegangen und habe mir auf meinem Stammplatz den Film angesehen. Darunter war auch „Das kalte Herz", in dem mir vor Holländer-Michels Auge genauso gegraust hat wie im „Schweigenden Stern" vor dem unaufhaltsam steigenden „Plasma".

Als ich in der fünften Klasse war, wurde an der Schule eine Volkstanzgruppe ins Leben gerufen. Ich war dabei. Erst einmal war erstaunlich, wie aus dem anfangs ungeordneten Haufen in kurzer Zeit eine ordentliche Figuren tanzende Gruppe wurde, beispielsweise beim Kreuz mit verschlungenen Händen. Von den Jungen war ich wohl einer der besten, denn beim „Matrosentanz" hatte ich als Steuermann einen Solopart zu tanzen. Damit sind wir sogar einmal im alten Volkshaus in Zittau aufgetreten, ehe der Saal umgebaut worden ist.

In der achten Klasse wollte ich auch im Chor mitsingen. Ich wurde ohne vorsingen zu müssen, zu den Proben eingeladen und musste feststellen, dass ich gar nicht singen kann. Die Musiklehrerin hat eigenartigerweise nicht gemerkt, dass ich der Falschsinger war. Nach zwei Proben bin ich dann nicht mehr hingegangen.

An Hand meines alten Zensurenheftes kann ich noch zeigen, welchen Notendurchschnitt bei welchen Klassenlehrern ich hatte.

1. Klasse	Frau Kraska	1,71	EOS Frau Schubert	
2. Klasse	Frau Jensch	1,78	9. Klasse	2,08
3. Klasse	Herr Schönfelder	1,62	10. Klasse	2,08
4. Klasse	Herr Schönfelder	1,75	11. Klasse	2,15
5. Klasse	Frau Leuner	1,30	12. (Abitur)	1,82
6. Klasse	Frau Eckert	1,30		
7. Klasse	Herr Liedtke	1,50		
8. Klasse	Herr Roscher	1,07		

Natürlich ist der Durchschnitt der achten Klasse etwas gemogelt, denn meine Englisch-Zwei habe ich nicht mitgezählt - warum soll ich mir denn mit dieser Note in einem fakultativen Fach den Durchschnitt versauen. Außerdem kam mir entgegen, dass ich wegen der Sportbefreiung einen weiteren „Durchschnittdrücker" beiseite lassen konnte; sonderlich sportlich war ich nie.

Junger Pionier

In der ersten Klasse noch wurde ich Junger Pionier. An unserer Schule durften damals in jeder ersten Klasse nur die fünf besten Schüler, da war ich dabei, zum Pioniergeburtstag am 13. Dezember (weil 1948 an diesem Tag die Kinderorganisation der FDJ gegründet worden war) in die Pionierorganisation „Ernst Thälmann" aufgenommen werden. Diese war an unserer Schule nach dem Olbersdorfer Bürgermeister Emil Ufer benannt, in dessen Amtszeit die Schule errichtet worden war. Schon im nächsten Jahr und später überhaupt spielte es gar keine Rolle mehr, wie gut oder „artig" einer war, jeder sollte und durfte Pionier werden. Damals gab es keine Pionieruniform. Man trug sein blaues Halstuch auf einem möglichst weißen Hemd zu dunkler Hose und grüßte, die flache Hand hochkant über dem Kopf, mit „Für Frieden und Völkerfreundschaft – Seid bereit!" und antwortete darauf mit „Immer bereit!" Spätestens in der zweiten Klasse dann bin ich Gruppenratsvorsitzender geworden und geblieben, bis ich nahtlos in die FDJ (8. Klasse) hinüber gerutscht bin. Ich war also der Chef der Pioniergruppe unserer Klasse. Gleichzeitig war ich in dieser Funktion Mitglied des Freundschaftsrates, der Pionierleitung der Schule, der ein hauptamtlicher Pionierleiter vorstand. Sonderlich aufregend waren meine Funktionen nicht. Ich organisierte zusammen mit oder im Auftrage des Klassenlehrers die monatlichen Pioniernachmittage. Das waren auch Faschings- und Weihnachtsfeiern, Treffen mit der Patenbrigade, Wanderungen, Treffen mit Antifaschisten und ähnliches. Einmal im Jahr wurde der Gruppenrat gewählt. In Monaten, wo zentrale Veranstaltungen der Schule stattfanden, gab es keine Gruppenaktivitäten.

Ähnlich mir erging es meinem Vater. Auch er wurde gleich als Elternaktiv-Vorsitzender der Klasse gewählt und war damit Mitglied des Elternbeirates der Schule, heute sagt man wohl „Elternsprecher" dazu. Viel Spaß hat es ihm nicht gemacht. Beizeiten hatte er erkannt, dass dieses demokratische Feigenblatt nutzlos war, denn wichtige Entscheidungen gab es mangels Alternativen nicht zu treffen. Entweder musste sich an Gesetze und Bestimmungen „von oben" gehalten werden oder die Eltern hatten „pädagogisch keine Ahnung". Gut für uns war nur, dass der Direktor ein ehemaliger Neulehrer und von Beruf eigentlich Zimmermann wie mein Vater war. Da hatten die beiden zumindest persönlich einen guten Draht zueinander.

Unsere Patenbrigade waren die Former vom VEB Stahlgießerei „Georg Schwarz" Olbersdorf. Die Klassenlehrerin und der Gruppenrat hatten sich diese aus einigen Angeboten gewählt. Alle Pioniergruppen sollten eine Patenbrigade und die Arbeitsgruppen in den Betrieben, die um den Titel "Kollektiv der sozialistischen Arbeit" kämpften, mussten eine Patenklasse haben. Wir konnten sie einmal an deren Arbeitsplatz besuchen. Ich war beeindruckt von der großen düsteren schmutzigen Werkhalle, wo die Former die hölzernen halben Modelle in stählerne Kästen legten, sie in schwarzen Formsand hüllten, Gießer und Steiger anbrachten, den Formsand verdichteten und nach Entnahme des Modells und der Hilfsmittel die beiden Hälften der Form zusammenfügten. Einmal waren wir Gäste einer Brigadeversammlung und lieferten einen „kulturellen Beitrag". Gelegentlich war einer der Former bei der Zeugnisausgabe anwesend und spendierte den Klassenbesten (da war ich auch immer dabei) Bücher. Für unsere Klassenfeiern gab es manchmal eine kleine Finanzhilfe. Mehr war nicht.

Als Pioniere waren wir aktiv beim Altstoffsammeln. bei Aktionen wie „Martin braucht Schrott" oder wenn Lumpi und Rumpelmännchen zum Sammeln und Abgeben von „wertvollen Sekundärrohstoffen" aufforderten. Diese wurden entweder bei schulischen Aktionen kostenlos in der Schule abgegeben oder zum „Altstoffhandel" gebracht und der Erlös mit Bescheinigung in der Schule abgegeben. Denn für die einzelnen Sorten gab es pro Kilogramm Punkte. Diese dienten beim innerschulischen Wettbewerb zur Ermittlung des fleißigsten Sammlers und der Reihenfolge der weiteren besten Sammler. Am einfachsten und populärsten war das Sammeln von Altpapier, besonders Zeitungen. Da gab es für ein Kilo 10 Pfennige. Ich habe oft Altstoffe mit dem Handwagen zu einer privaten Erfassungsstelle nach Zittau, Äußere Oybiner Straße geschafft. Besonders auch viele Flaschen und Gläser. Gleich am Eingang empfing einen dort ein offener Verschlag voller stinkender Knochen; die konnte man dort auch abgeben. Flaschen und Gläser, für die bekam man zwischen 5 und 30 Pfennige das Stück, wurden nicht auf die Altstoffsammlung der Pioniere angerechnet, weil das Geld dafür die meisten Eltern ohnehin behielten. Wie flott an der Theke die Flaschen und Gläser gezählt, dann unverzüglich (ohne Rechner!) die richtigen Beträge ermittelt und addiert wurden, war mir immer schleierhaft und gab zu berechtigten Zweifeln Anlass. In einem Jahr hatte ich fast 50 kg alte Wasserrohre aus Blei in der örtlichen Sammelstelle im Olbersdorfer Voranwerk abgegeben. Die Rohrstücke hatte mein Vater aus einem Haus mitnehmen können, in dem er als Zimmermann (für 1 bis 2 Mark die Stunde!) nach Feierabend gearbeitet hatte. Für den Bleischrott erhielt er nun kein Geld, ich aber so viele Punkte, dass ich zum viertbesten Sammler der Schule wurde. Die besten Sammler kriegten Sachpreise, als Vierter konnte ich mir welche aussuchen. Ich war so überwältigt von einem ganzen Zimmer voller Preise, dass ich mir nur dummes Zeug genommen: ein Plaste-Fußball, Foto-Sammelboxen und ähnliches. Für die Sachpreise wurde nur ein geringer Anteil der Sero-Erlöse verwendet, das meiste Geld diente zur Finanzierung des Schulzeltlagers.

In Ullersdorf, einem Ortsteil von Jänkendorf nahe Niesky baute die Schule alljährlich ein Lager aus vielleicht zehn Hauszelten und einem Mannschaftszelt auf. Da konnte in den Sommerferien jede der größeren Klassen eine Woche verbringen. Ich war zweimal dort. Im ersten Jahr schliefen wir noch auf Strohsäcken, im darauf folgenden gab es schon Luftmatratzen. Zum Mittagessen gingen wir etliche Kilometer in die Jänkendorfer Schule. Dort wurden gelegentlich Nudeln (Makkaroni?) ausgegeben, aber nicht mit Tomatensoße oder Käse, sondern mit Zucker darüber gestreut. Damit konnten wir uns nicht anfreunden. Das Lager war unmittelbar an einem Fischteich mit winziger Badestelle. Ich hatte mir vorgenommen, jeden Morgen im Teich zu schwimmen. Das habe ich auch gemacht, selbst als die Wassertemperatur nur elf Grad war. In der ersten Nacht wurde (lange) nicht geschlafen. Um der Unruhe und des Lärms der kichernden und schwatzenden Meute Herr zu werden, griff sich der Lehrer (der uns übrigens erstmals mit dem Begriff „Morgentoilette" für die übliche morgendliche Katzenwäsche und Zähneputzen bekannt machte) den lautesten Radaubruder und sperrte ihn in das große Zelt. Joachim, der größte Rabauke unserer Klasse, aber fand im Mannschaftszelt die Instrumente des Fanfarenzugs und begann, mitten in der Nacht zu trommeln. Daraufhin wurde er umgehend amnestiert, musste wieder in sein Zelt und sollte ruhig sein.

Das Jahr 1962 stand unter anderem im Zeichen der Vorbereitung des VI. Parteitages der SED. Der fand vom 15. bis 21. Januar 1963 in der Werner-Seelenbinder-Halle in Berlin statt. Das ist unter heutigem Gesichtspunkt alles nicht weiter von Belang, damals jedoch wurde großes Theater veranstaltet; die „Werktätigen" überboten sich mit ökonomischen und moralischen Verpflichtungen „zu Ehren des VI. Parteitages der SED". Für mich war es noch in anderer Hinsicht bedeutsam. Als einer der aktivsten Pioniere (Gruppenratsvorsitzender und Freundschaftsratsmitglied) und bester Schüler im Jahrgang wurde ich „auserwählt", in die Pionierrepublik „Wilhelm Pieck" am Werbellinsee fahren zu können. Das war ohnehin schon eine Auszeichnung, im vorgesehenen Zeitraum Januar/Februar 1963 war als exorbitanter Höhepunkt noch die Mitgliedschaft in der Delegation Junger Pioniere vorgesehen, die zur Begrüßung des Parteitages nach Berlin fahren durfte. Die Pionierrepublik war als zentrales Pionierlager dem sowjetischen Allunions-Pionierlager Artek auf der Krim nachempfunden und hatte Platz für etwa 1.000 Pioniere. Sie wurden (meist auf nicht widerlegbare Empfehlung des Pionierleiters) vom Freundschaftsrat der jeweiligen Schule delegiert, was eine hohe Auszeichnung darstellte. Entsprechend eines geheimnisvollen Verteilerschlüssels wurde für jeden Durchgang immer nur ein Pionier pro Schule ausgewählt. Mit mir fuhren aus dem Kreis Zittau Liane aus Großschönau und Volker aus Seifhennersdorf, mit dem ich später in einer Klasse auf der EOS war. Unser Durchgang sollte sechs Wochen dauern. Das war möglich, weil in der Pionierrepublik auch Schulen waren, in denen nach den republikweit geltenden Lehrplänen unterrichtet wurde.

Wir wohnten in zweigeschossigen Gebäuden in Vierbett-Zimmern. Neben unserem Haus befand sich die Küche mit Speisesaal. Als sich gleich am Anfang auf die Bitte um Freiwilligen-Meldung keiner von uns schüchternen Neuankömmlingen meldete, fragte mich einer der beiden für unser Haus zuständigen Pionierleiter, ob ich Kaffee kochen könne. Nachdem ich das bejaht hatte, wurde ich umgehend zum „Küchenchef" ernannt. Das war ein undankbarer Aufpasserposten: ich hatte regelmäßig im Speisesaal die an langen Tischen klassenweise Sitzenden auf Kontrollgängen zu beobachten und zu bewerten, welche Truppe am lautesten und welche die drei ruhigsten beim Essen waren. Dann musste ich die Trophäen (Gold-, Silber-, Bronze- und Plappertasse) verleihen, das heißt auf dem jeweiligen Tisch platzieren (und nebenbei noch selbst essen).

Damit wir uns zunächst besser einleben konnten, fand in den ersten drei Wochen kein Unterricht statt, wir zogen die Winterferien vor. Es war saukalt – wir konnten gleich am zweiten Tag über den zugefrorenen Werbellinsee zum mitten darauf befindlichen großen Eisloch laufen und die Schwäne füttern. Das Eis hatte zwar Risse und Sprünge, es knackte auch manchmal, aber uns trug es. Der mäßige, aber eisige Wind kam von der Seite und ließ einem jeweils ein Ohr fast abfrieren. Ab dem nächsten Tag waren dann solche Ausflüge auf dem vielleicht nicht ganz so ungefährlichen Eis verboten.

Ich weiß gar nicht mehr, was wir so den ganzen Tag getrieben haben, wir waren aber immer beschäftigt. Jeder musste in einer Arbeitsgemeinschaft mitmachen. Ich hatte mich für Agit.-Prop.

entschieden, das hieß Agitation und Propaganda und war eigentlich politisches Kabarett. Wir versuchten, ein kleines Programm mit altbekannten, neuen und eigenen Stücken, also Sketche, Lieder und Gedichte, einzustudieren, um es irgendwann auch mal aufzuführen. Dieses Gedicht hat mir gleich gefallen:

> Zwei Regenwürmer kriegten Streit
> und kämpften mit Verbissenheit.
> Doch auch nach langem Ringen -
> keiner konnt' den andern zwingen.
> Da riss der eine - eins, zwei, drei-
> sich plötzlich mittendurch entzwei
> und stürzte sich dann so
> auf den andern, der nun floh.
> Siehste wohl, im Kollektiv
> geht selten eine Sache schief.

Außerdem wurden verschiedene „Feste" gefeiert, das der Kosmonaten und der Internationalen Freundschaft beispielsweise. Gelegentlich wurde auch außerhalb des Lagers gewandert.

Ein großer Schwerpunkt war die Begrüßung des Parteitages. Fast alle der zeitweiligen Bewohner der Pionierrepublik nahmen daran teil. Ich mit meiner neuen, viel zu großen, aber in vorschriftsmäßigem Dunkelblau gehaltenen Skihose (Pionieruniformen gab es ja damals noch nicht) war wegen meiner „überdurchschnittlichen schulischen Leistungen und gesellschaftlichen Aktivitäten" in den rechten Block eingeteilt, um eine im riesengroßen Präsidium sitzende Delegierte begrüßen zu können. Mit Bussen fuhren wir zur Werner-Seelenbinder-Halle nach Berlin. Nach musikalisch umrahmtem Einmarsch und dem Anhören der Grußbotschaft eilten wir in die vorgegebene Gegend und ich stand schließlich vor einer Oma im Präsidium. Ich gab ihr die vorbereitete Kopie meines letzten Zeugnisses, „gratulierte" zum Parteitag, wünschte Erfolg und nahm mir kaum Zeit, ihre Fragen zu beantworten. Ich wollt schnell wieder weg, um den Abmarsch nicht zu verpassen. Die anderen konnten sich nicht so schnell loseisen und kamen viel, viel später.

Nach drei Wochen Winterferien begann die Schule. Es war normaler Unterricht. In Russisch fasste jeder eine Adresse zum Aufbau von Brieffreundschaft ab. Ich kriegte eine Tamara aus dem Oblast Wladimir, zwischen Moskau und Gorki (Nishni Nowgorod) gelegen. Den Sportunterricht, von dem ich befreit war, gab neben anderen eine

Ex-Frau vom damals recht prominenten Schlagersänger und Entertainer Lutz Jahoda, die darauf aber nicht angesprochen werden wollte.

Die Kälte wurde immer schlimmer; das Wetter war eisig und die Kohlen wurden knapp. So hatten wir bald mit der Hiobsbotschaft fertig zu werden, dass unser Aufenthalt abgebrochen werden müsse, die Kohlen reichten nur noch für eine Notbeheizung um das Einfrieren der Anlagen zu verhindern. Alle waren traurig und enttäuscht aber es half nichts, wir fuhren zwei Wochen eher nach Hause, bis Bernau mit Bussen, nach Berlin mit der S-Bahn und dann mit dem regulären Eilzug nach Zittau. Zu Hause habe ich dann noch ein Bisschen geheult, war es dort am Werbellinsee so schön gewesen und wir mussten zu früh abreisen.

Natürlich war es auch in Olbersdorf saukalt. Aber hier fiel kein Unterricht aus denn es begannen gerade erst die „normalen" Winterferien. So hatte ich in diesem Jahr zweimal welche.

Das Erwachsenwerden

In der achten Klasse gab es für mich mindestens drei bemerkenswerte Ereignisse: die Delegierung an die Erweiterte Oberschule (EOS) in Zittau, die Aufnahme als FDJ-Mitglied und die Jugendweihe

Alle Schüler, die in der siebenten Klasse einen Notendurchschnitt unter 2,0 hatten, wurden vom Klassenlehrer Herrn Roscher angesprochen oder aufgefordert, ab der neunten Klasse auf die EOS zu gehen. Aus meiner Klasse wollten das nur zwei: Ute Wenke und ich. Klaus und Walter (beziehungsweise deren Eltern) mochten sich nicht den Stress des Abiturs antun und lieber eher und mehr Geld verdienen als später nach einem wiederum anstrengenden Studium. Bei einem Aufnahme- oder Eignungsgespräch im Johanneum Zittau ging es bei mir nur um die Berufswahl. Damals war es für wenige Jahrgänge Pflicht, in den vier Jahren an der EOS neben der Hochschulreife auch einen Berufsabschluss zu erreichen. Wir wurden informiert, dass deshalb nach jeweils drei Wochen Schulunterricht eine Woche Berufsausbildung folgen würde. Dazu war erforderlich, dass mindestens an einem Tag in der Woche acht Stunden und sonnabends immer Unterricht war; in den Winterferien war nur eine Woche wirklich frei, in der anderen hatten wir praktische Lehrausbildung. Im Sommer war dieses Verhältnis vier zu drei. Es standen etliche Berufe zu Auswahl. Ich hatte als Wunsch Tischler angegeben, aber ausgerechnet Holzwürmer wurden nicht ausgebildet. So entschied ich mich für Elektriker.

Nicht alle Jungen Pioniere wurden mit 14 Jahren Mitglied der Freien Deutschen Jugend, wir waren nur zehn aus unserer Klasse. Die Aufnahme fand ganz unaufgeregt in der letzten Unterrichtsstunde am 15. Mai 1964 statt. Das Beste daran war, dass wir nun bei den letzten offiziellen Anlässen der Schule in der achten Klasse nicht mehr mit Halstuch und weißem Hemd auftreten mussten, sondern das Blauhemd „wie die Großen" tragen konnten.

Für mich als langjähriger Junger Pionier und Arbeiterkind stand fest, dass ich Jugendweihe machen würde. Da ich auch getauft war und einige Jahre lustlos am außerschulischen Religionsunterricht teilgenommen hatte, hätte ich auch die Konfirmation zusätzlich (man weiß ja nie, was die Zukunft bringt, und überhaupt…) auf mich genommen. Aber der Pfarrer eröffnete uns bei einem Hausbesuch, dass er keine Konfirmanden mit Jugendweihe dulden würde, schließlich müsse man wissen, was man wolle. Als er dann noch meinen Eltern vorwarf, mich nicht zur Entscheidung (für die Kirche) zwingen zu wollen und meiner Mutter beschied, dass ihre katholische Kirche sie ohnehin ächten würde, weil sie einen evangelischen Ehemann hatte, war unser aller Verhältnis zur (Olbersdorfer) Kirche und ihrem Pfarrer für längere Zeit gestört. So bin ich ohne Konfirmation und Kirchenzugehörigkeit geblieben.

Zur Vorbereitung auf die Jugendweihe und das folgende Erwachsenenleben fanden die so genannten Jugendstunden statt. Einmal sprach die Witwe des hingerichteten kommunistischen Lehrers Ernst Schneller mit uns. Dann gab es Gespräche über Berufe und Berufswahl, wir fuhren nach Dresden zur (Propaganda-)Ausstellung „Seht, welche Kraft", ein Lehrer sprach über das Weltall (Astronomieunterricht gab es ja erst viel später) und dergleichen mehr. Insgesamt waren es wohl zehn Veranstaltungen.

Die Jugendweihe fand am Ostersonntag, den 29. März 1964 in der festlich geschmückten Schulturnhalle statt. Schon am Vortag wurde der Ablauf geübt - „Sitzprobe" und Einmarsch. Der Ablauf bestand wie in der Einladung beschrieben aus den obligatorischen, von Zittauer Theaterschaffenden dargebotenen Kunstzutaten Musik von einem Streicherquartett und Rezitationen von einem Schauspieler, große Rede vom Kreisschulrat, Gelöbnis und Übergabe der Urkunden. Junge Pioniere überreichten Blumen. Mein Spruch fürs Leben war ein Zitat von Walter Ulbricht, dem damaligen SED-Chef und Staatsratsvorsitzenden der DDR:

„Lernen, lernen, lernen! Das Gelernte richtig anwenden und kühn in Neuland vorstoßen."

Ich kriegte eine getopfte Azalee in einer Manschette aus Krepp-Papier. Es war ja März und in den Gärtnereien und Blumenläden waren die wenigen Schnittblumen schon für den Frauentag (8. März) aufgebraucht worden. Meine Eltern hatten Mittagessen in der Gaststätte des (jahreszeitlich noch geschlossenen) Volksbades Olbersdorf bestellt. Wir gingen zu Fuß dahin und fuhren dann mit der Kleinbahn heim. Ich glaube, die Gäste (Opa, Helmut mit Christa und die Paten) konnten aus Platzgründen ohnehin nicht an der Veranstaltung teilnehmen und sind (mit den Geschenken) dann erst zum Kaffee bei uns zu Hause eingetroffen.

Dass ich nun erwachsen war, merkte ich kurze Zeit später beim Friseur. Der Meister hatte mir wie die meisten Geschäftsleute, bei denen wir Stammkunden waren, zur Jugendweihe fünf Mark geschenkt, also einer Glückwunschkarte beigelegt. Als ich ihm nun nach dem Haareschneiden für den obligatorischen Haarschnitt „Halblang" meine

70 Pfennige gab, meinte er, nun würde es auch für mich 90 Pfennige wie für alle Erwachsenen kosten. Aha, dachte ich, irgendwie müssen ja die fünf Mark wieder reinkommen.

Von den Geldgeschenken habe ich mir vermeintlich Wertvolles und Dauerhaftes geleistet und den Rest für 3,25 % Zinsen der Sparkasse per Sparbuch anvertraut. In der Olbersdorfer Drogerie habe ich mir für 109 Mark meine erste Kleinbildkamera gekauft: eine halbautomatische Certi von den Dresdner Certo-Kamerawerken. Die Halbautomatik bestand darin, dass ein roter Punkt im Sucher wedelte, wenn die Belichtung zu schwach war. Im Konsum-Landwarenhaus, die ehemalige Zeisig-Schenke Olbersdorf, erwarb ich eine feine GUB-Armbanduhr aus Glashütte: Handaufzug, vergoldetes Gehäuse, 17 Steine, stoßgeschützt, mit grauem Lederarmband für 167 Mark. Die gleiche Uhr mit Automatikwerk wäre 20 Mark teurer gewesen.

EOS und EAO - Oberschulzeit

Als ich 1964 mit Beginn der neunten Klasse in die Erweiterte Oberschule (EOS) Zittau kam, gab es dort in jeder der vier Klassenstufen fünf Klassen. Damit war das ehemalige Realgymnasium im 1871 eröffneten Johanneum trotzdem nicht ausgelastet. Je eine halbe Etage wurden als Kreisstelle für Unterrichtsmittel und als Museum für Geologie und Mineralogie der südlichen Oberlausitz „Curt Heinke" genutzt. Im Gegensatz zur späteren Gymnasialbildung gab es an den EOS vier Spezialisierungen, die zu Beginn gewählt werden mussten. In Zittau existierte bei unserem Beginn noch eine zwölfte Klasse mit „Sprachlichem Profil a". Alle anderen Klassen hatten das „Naturwissenschaftlich-mathematische Profil b". Die Klassen hießen dann entsprechend der Stufe 9 b^2 oder eben 11 b^5. Andernorts soll es noch das „Altsprachliche Profil c" mit Schwerpunkt Latein und Griechisch gegeben haben; ich habe noch nie einen Abiturienten mit diesem Profil getroffen. Eher schon welche aus Großstadt-Klassen mit „Russischsprachlicher Vertiefung r".

Der Jahrgang, der dann 1967 mit Beginn der 9. Klasse an die EOS kam, hatte für die 9. und 10. Klasse den gleichen Lehrplan wie die normalen zehnklassigen Oberschulen, erhielt nach der 10. Klasse auch ein solches Abschlusszeugnis und durfte oder brauchte von Anfang an keine Berufsausbildung mehr absolvieren. Die erweiterte Oberschule bestand in dieser Zeit nur aus elfter und zwölfter Klasse. Einige verließen nach der zehnten Klasse das Johanneum, die meisten blieben bis zum Abitur dort. Allerdings kamen auch noch einige aus den Oberschulen zur elften Klasse hinzu. Gundels Bruder Mathias beispielsweise hatte die zehnte Klasse in Olbersdorf absolviert und ist anschließend auf die EOS gegangen.

Wenn es das Wetter zuließ, fuhr ich mit alten Heros-Fahrrad, das sich einst mein Vater angeschafft und ich mit viel schwarzer und etwas weißer Farbe verschönt hatte, in die Schule. Heute weiß ich übrigens, dass der Hersteller eine kleine Oderwitzer Firma war, die 1923/1924 auch einige selbst konstruierte Motorräder gebaut und verkauft hatte! Für die Nutzung des Abstellraums im Keller gab es vom Direktor Stadelmann höchstpersönlich unterschriebene „Fahrradberechtigungskarten". Außerdem hatte ich für den Winter eine Monatsschülerkarte für die Kleinbahn. Die kostete 2,70 Mark. Um pünktlich zum Unterricht erscheinen zu können, war ich fahrplanmäßig schon eine Stunde eher da und konnte mich im warmen Klassenzimmer der (absichtlich noch unerledigten) Hausaufgaben widmen. Sonnabends fuhr gelegentlich der legendäre Kleinbahn-Triebwagen VT 137 mit 180 PS-VOMAG-Motor und einem angehängten gelb-roten Waggon.

Ab dem folgenden Jahr fuhr ich dann mit meinem Simson-Moped „spatz" und im Winter lieber mit dem Linienbus in die Schule. Das Moped konnte ich mir nur leisten, weil wir ab 1965 besser bezahlt wurden. Als Lehrlingsentgelt bekamen wir zunächst 40 Mark im Vierteljahr. Das wurde ab Januar 1965 auf 40 Mark im Monat erhöht und steigerte sich jährlich um 10 Mark. Damit erhielten wir in der zwölften Klasse 70 Mark und in (hoffentlich vermeidbarer) Folgerichtigkeit als Soldat in der Nationalen Volksarmee im Grundwehrdienst 80 Mark im Monat. Die Gefreiten bekamen dann ab dem zweiten Diensthalbjahr 90 Mark.

Die Stärke und Zusammensetzung der fünf Klassen unseres Jahrgangs ergab sich aus den Ausbildungsberufen. In der 1 waren die Robur-Lehrlinge, in der 2 Weber (Lautex), Handel und Gastronomie (HO), bei uns in der 3 „Betriebs- und Verkehrseisenbahner" (Reichsbahn), „Kessel- und Behälterbauer" (Textima/Robur) und Elektromonteure (EAZ/EAO), in der 4 Baufacharbeiter und in der 5 Gärtner und Landwirte. Unser Ausbildungsbetrieb war der VEB Elektro-Anlagenbau Zittau (EAZ), der nach dem Zusammenschluss mit dem Görlitzer Anlagenbau Elektroanlagenbau Ostsachsen EAO hieß. Er bestand aus vier Baracken unmittelbar an der Neiße, wo die Chopinstraße an einer damals versperrten Brücke endete. Heute ist dort ein normaler Grenzübergang nach Polen. Zwei Gebäude waren Verwaltung und „Speiseraum", eins diente als Lager und in einem befand sich die Werkstatt/Produktion mit der Lehrwerkstatt. Täglich brachte ein Bus die Arbeiter und Angestellten früh vom Zittauer Bahnhof in die damals abgelegene Einöde und fuhr sie nach Feierabend wieder zurück. Kostenlos.

Wir waren anfangs acht Lehrlinge (Azubis gab es in der DDR nicht), die den Berufsabschluss als Facharbeiter „Elektromonteur (Anlagen)" anstrebten. Ab der zehnten Klasse blieben nur noch sechs übrig: Rainer „Iwitsch" zog mit seinen Eltern nach Dresden und Dietmar absolvierte statt seiner Elektriker-Lehre einen Meisterschüler-Lehrgang für Violine an der Musikhochschule „Carl Maria von Weber" in Dresden. Gleich zu Beginn wurden wir ohne Diskussion Gewerkschaftsmitglieder des FDGB (Freier Deutscher Gewerkschaftsbund) und mich „wählten" sie zum Vertrauensmann unserer Gruppe. Da hatte ich die Freude und das Vergnügen, allmonatlich das Lehrlingsentgelt (bar!) für uns sechs im Betrieb abzuholen und gleich dort den Gewerkschaftsbeitrag (50 Pfennige) abzurechnen.

In jeder vierten Woche gingen wir statt ins Johanneum in die Lehrwerkstatt. Zunächst bekamen wir etwas Werkzeug in einer Rollmops genannten Tasche und lernten Kabel abzuisolieren, I-Rohr zu biegen, Klemmen zu schrauben, Ösen zu biegen, Holzdübel einzugipsen, Litzen zu löten und dergleichen mehr. Sonnabends war immer in dieser Woche Berufsschulunterricht in der Robur-Betriebsberufsschule an der damals Straße der Jungen Pioniere genannten Hochwaldstraße nahe der Mandau. Nach ersten Trockenübungen bauten wir Steuerschränke für die Papierverarbeitung Eckartsberg. Unsere erste Baustelle war der VEB Gießerei und Maschinenbau (Giema) Zittau Goethestraße. Wir haben dort Unmengen an Kabeln verlegt, was insofern günstig war, als es sich um Leitungen im Dachboden handelte und wir die Schellen und Dosen direkt ans Gebälk schrauben konnten, ohne Dübel setzen zu müssen. Das war nach der zehnten Klasse ganz anders, als wir drei Wochen im Johanneum arbeiteten und in den Bruchstein-Mauern im Keller unzählige Meter Dübellöcher mit Hammer und Meißel per Hand ausstemmen und dann mit Dübelleisten aus Holz wieder zugipsen mussten. Vorher war unser Lehrausbilder zum Grundwehrdienst eingezogen worden und auf uns wurde ein Rekonvaleszent losgelassen, der als Lehrausbilder weder Lust noch Ahnung hatte. Wir mussten ihn bis zum Abi erdulden.

Von den Baustellen, auf denen wir gearbeitet haben, erinnere ich mich außerdem noch an den VEB WAB Wasserwirtschaft und Abwasserbehandlung im ehemaligen Zittauer Gaswerk (heute SOWAG Gasstraße), den VEB Kraftverkehr Zittau Martin-Wehnert-Platz und die Offiziershochschule Löbau. In den republikweit geltenden acht Wochen Sommerferien hatten wir zwar auch unterrichtsfrei, mussten aber drei Wochen davon als Lehrlinge praktisch arbeiten. Wir hatten also effektiv nur vier Wochen Ferien. Nach der elften Klasse waren wir zu dritt für drei Wochen bei den „Verseilern" und halfen, Friedersdorf (bei Neusalza-Spremberg) mit neuen Freileitungen auszustatten. Ich wohnte mit Roland in einem „Fremdenzimmer" einschließlich eisernen Waschgestells mit Krug und Schüssel aus Porzellan. Der dritte Lehrling hatte woanders ein Einzelzimmer. Unser gemeinsames praktisches „Gesellenstück" war dann ein Jahr später die Elektroinstallation der Gasreglerstation am Mandau-Ufer nahe der Friedensstraße. Das war insofern bemerkenswert, als wir während der Ausbildung nie Kupferkabel verarbeitet hatten, hier jedoch war es wegen der

Explosionsgefahr vorgeschrieben. Wir begannen gleich mit falschen Drahtstärken und mussten, noch ehe jemand etwas bemerkt hatte, alles wieder demontieren. Die kleinste Alu-Stärke war 2,5 mm², das waren wir gewohnt; bei der höheren elektrischen Leitfähigkeit von Kupfer reichte ein Querschnitt von 1,5 mm² und das war neu für uns. Ging aber noch einmal gut.

Außerdem hatten wir zur Facharbeiterprüfung an einer Übungstafel einen Drehstrommotor mittels komplizierter Schütz-Steuerungen so anzuschließen, dass sich die Drehrichtung umschalten ließ, und mussten natürlich eine Hausarbeit anfertigen. Mein Thema war die Bedeutung der Messtechnik. Ich besorgte mir (per Post) Prospekte eines Schweizer Herstellers und palaverte über dessen Erzeugnisse. Weil die einzige Vorgabe zur äußeren Form „maschinengeschrieben" war, stand ich vor nahezu unüberwindlichen Schwierigkeiten. Ich kannte niemanden, der eine eigene Schreibmaschine hatte. Schließlich landete ich bei meinem ehemaligen Akkordeonlehrer. Der erklärte sich bereit, die Arbeit abzuschreiben. Ich brauchte nur noch ein paar technische Zeichnungen mit der Tuschefeder zu machen. Den ersten großen Schock meines Lebens erlitt ich, als ich die fertig geschriebene Arbeit abholte und die vorher vereinbarten 2 Mark pro Seite bezahlen musste: die Schrift war blau (er hatte gerade kein schwarzes Farbband eingespannt!!) und auf wirklich jeder Seite fielen schlecht korrigierte Tippfehler ins Auge. Zu Hause sah ich dann noch die vielen Fehler, die überhaupt nicht korrigiert waren, weil er sie wohl gar nicht bemerkt hatte und ganz fehlende Textteile. Die Zeit für eine neue Anfertigung war nicht mehr vorhanden und weiteres Geld wollte und konnte ich nicht ausgeben. Da habe ich eben noch weitere handschriftliche Korrekturen angebracht und an einer besonders schlimmen Stelle die indiskutable Form erläutert. Zum Bestehen der Facharbeiter-Prüfung hat es gerade noch gereicht, die Note aber sicher arg gedrückt...

Mein so nebenbei erlernter Beruf hatte nicht nur Aufwand erfordert und Freizeit gekostet, später war er allerdings auch von Vorteil für mich. Zunächst, weil der erlernte Beruf noch im DDR-Personalausweis eingetragen wurde, konnte ich mit diesem Nachweis meiner Qualifikation Elektroinstallationsmaterial im Laden kaufen, vor allem die begehrten Schuko-Stecker, -Dosen und –Kupplungen (mit Schutzkontakten, die nur an Fachleute ausgegeben werden durften). Obwohl ich aus den gelegentlichen Erzählungen der Eltern und Bekannten aus ihrem Berufsleben einiges erfahren konnte, die eigenen Tätigkeiten und Erfahrungen waren für mich und die anderen EOS-

Lehrlinge von großem Nutzen. Bei mir kam dazu, dass ich dann beim Studium schon alles wusste, was uns im Fach Elektro-Installation beigebracht werden sollte. Überhaupt habe ich beizeiten die Scheu vor „dem Strom" verloren und als Bastler und Heimwerker vom damals Erlernten viel profitiert.

An der EOS wurden wir beizeiten mit einigen Forderungen und Empfehlungen konfrontiert, die es an anderen Schulen nicht gab. Schon damals konnten nicht alle dem folgen – heute scheint dies alles völlig unannehmbar. Wir waren gehalten, in der Schule keine „Bluejeans" zu tragen. Genauso unerwünscht war es, „Plastebeutel" mit westlicher Werbung (also PVC- oder PE-Einkaufstüten) offen in die Schule zu bringen und zu nutzen. Völlig irrsinnig, weil nicht nachprüfbar, war die Aufforderung zur Selbstverpflichtung, auch zu Hause keine „Westsender" hören zu wollen. Es ging dabei nur um mäßigen Radioempfang auf Kurzwelle im 49m-Band, etwas anderes konnte damals hier gar nicht gehört oder gar gesehen werden. Radio Luxemburg und diverse Soldaten- und Piratensender (wie „Freiheitssender 904") haben wir dennoch gehört und trotz Rauschen und Klopfen der Musik gelauscht.

Viel schärfer war da die „Bewegung": Direktor Stadelmann hatte die „Bewegung für verantwortungsbewusstes und ehrliches Lernen" ins Leben gerufen und jeden aufgefordert, sich mit Unterschrift zu verpflichten, deren Regeln einzuhalten. Die bestanden im Wesentlichen aus der Verpflichtung, nicht zu betrügen, also zu spicken, abzuschreiben oder die Hausaufgaben nicht selbst zu machen und dergleichen. Man verpflichtete sich eben. Mir fiel das leicht, da ich in acht Jahren Grundschule als Klassenbester nie abschreiben konnte (lediglich einmal, da hatte ich in Musik die Hausaufgaben vergessen und einen Liedtext nicht gelernt, den schrieb ich deshalb von meinem sonst eher beschränkten Banknachbarn ab) und ich ohnehin keinen extremen Ehrgeiz nach guten Noten hatte - mein innerer Frieden war mir lieber. Die meisten anderen unterschrieben, oft nach anfänglichem Widerstreben, und verstärkten dann immerhin ihre Bemühungen, beim Ignorieren der Bewegungsziele nicht erwischt zu werden.

Sehr gefallen hat uns die Pflege der Schultradition, alljährlich eine „Erziehungswoche" durchzuführen. In den Herbstferien, die waren wegen der Berufsausbildung nicht einheitlich, fuhr jede Klasse für eine Woche in eine Jugendherberge, anfangs „um sich besser kennen zu lernen" und überhaupt um die Erziehungstätigkeit der Lehrer und gesellschaftlichen Kräfte zu intensivieren. In diesem

Rahmen war die Betriebsbesichtigung eines in der Nähe befindlichen volkseigenen Betriebes (VEB) Pflicht.

In der neunten Klasse fuhren wir in die Jugendherberge am Fuße des Valtenbergs in Neukirch/Lausitz. Das hat uns nicht besonders begeistert, denn in diesem großen Haus waren etliche Gruppen und Klassen. Wir kamen uns nicht nur bei den Mahlzeiten ins Gehege, auch bei den zu den unterschiedlichsten Zeiten intensivierten Geräuschentwicklungen. Künftig wollten wir nur noch Häuser aufsuchen, wo wir „unter uns" sind.

In der zehnten Klasse fuhren wir deshalb nach Wilthen in eine Wanderhütte. Da mussten wir uns selbst verpflegen. Außerdem war in Vertretung unserer Klassenlehrerin, sie hatte ihr erstes Kind bekommen, der schon ältere Dr. Schubert mit gekommen. Die Besichtigung des Waggonbaus Bautzen war für mich sehr interessant, besonders auch der Prototyp eines Reisezugwagens mit Edelstahlhaut für die Österreichische Staatsbahn. Weniger schön war, dass uns ein Bauer verbot, unseren sorgfältig aufgeschichteten Holzhaufen als Lagerfeuer zu verbrennen. Im Wilthener Kino war einer der beiden Vorführapparate defekt. Nach jeder Filmrolle ging das Licht an und wir mussten unter großem Hallo warten, bis der Film zurückgespult und die nächste Rolle eingelegt war.

Im Februar 1966 machten eine Woche Winterurlaub in Kosel bei Bautzen. Ein Zittauer Betrieb (Lautex oder Textima) hatte dort ein altes Bauerngut zum Kinderferienlager umgebaut, das fast das ganze Jahr nicht genutzt wurde. Frau Schubert kam mit und holte so ihre Erziehungswoche nach. Als wir am Montag hin fuhren, war trost- und schneeloses Schmuddelwetter aber Dienstag und Mittwoch schneite es wie verrückt. Wir ohne Ski und Rodel wanderten, schlugen Schneeballschlachten, spielten endlos Tischtennis und redeten und diskutierten. Nebenbei wurden wir von Frau Schubert, der jungen Mutti, auch „aufgeklärt", soweit das in der 10. Klasse noch nötig war.

Im Herbst der 11. Klasse hatten wir uns die kleine Jugendherberge in Werdau ausgesucht. Zwei herausragende Ereignisse blieben besonders in Erinnerung: die Besichtigung des VEB Kraftfahrzeugwerkes „Ernst Grube" und unsere Gastrolle bei einem Schultanzabend der dortigen EOS mit vielen hübschen Mädchen, mit Tanzen, Trinken und später auch Singen. Als bekennender Autonarr durfte ich mich um eine Betriebsbesichtigung kümmern. Die Trabantbauer in Zwickau hätten dafür eine Genehmigung von der VVB (Vereinigung Volkeigener Betriebe, wurden später zu Kombinaten) in Karl-Marx-Stadt gebraucht. Die kriegten wir nicht. So meldete ich mich problemlos beim LKW-Hersteller in Werdau an. Wir besichtigten die Produktionsstätten des LKWs S 4000-1 während der Mittagspause, konnten also zwar die großen Hallen mit diversen Maschinen und halbfertigen Lastautos sehen, nicht aber, wie sie gebaut werden. Beeindruckt hat mich eine automatische Pulver-Schweißanlage für die Hinterachse mit dem Gehäuse für das Differenzialgetriebe. Der uns begleitende Ingenieur war bedrückt und etwas zornig während er uns erklärte, dass sie in Werdau einen neuen Frontlenker-LKW entwickelt hatten, dessen gute Eigenschaften dem bewährten S 4000-1 viel preiswerter auch hätten anerzogen werden können, der aber nun bald in Ludwigsfelde gebaut werden und nur im Namen W 50 an die hiesigen Konstrukteure erinnern würde. Den Werdauer Autospezialisten hatte die Partei- und Staatsführung künftig lediglich die Führungsrolle im DDR-Anhängerbau zugedacht.

In der zwölften Klasse ließen wir uns ein paar Tage lang in einer kleinen Wanderhütte nahe dem Kurort Rathen an der Elbe erziehen. Anstelle eines Betriebes besichtigten wir die Stadt Dresden. Erstmals konsumierten wir den von uns Sputnik getauften Wodka „Lunikow" in nennenswerten Mengen. Außerdem strolchten wir durch das Elbsandsteingebirge, denn Wanderungen würde ich unsere bescheidenen Aktivitäten nicht unbedingt nennen. Schön war es trotzdem. Die Abende waren laut und lustig. Das störte in der Abgeschiedenheit der Hütte niemanden.

Wegen der zwei bis drei Wochen praktischer Arbeit als Lehrlinge in den Schulferien war für andere Aktivitäten eigentlich wenig Zeit. Heute staune ich etwas, was wir dennoch in den verbleibenden unterrichts- und arbeitsfreien Wochen so alles unternommen und angestellt haben. Nach der neunten Klasse war ich beispielsweise im Juli mit dem Jugendrotkreuz in Rostock zur Ostseewoche. Wir schliefen in 15-Mann-Zelten neben einer Gaststätte in Brinckmannsdorf. Neben den wenigen obligatorischen Veranstaltungen besichtigten wir das Dieselmotorenwerk, die Neptun-Werft, die Ostsee-Messe, den Zoo und den alten Hafen, besuchten Warnemünde, Konzerte und Tanzveranstaltungen.

Anschließend war ich als einziger vom Roten Kreuz mit den übrigen Jungen meiner Klassenstufe im GST-Lager in Prerow. Dort schossen wir mit KK-Gewehren und übten den Umgang mit der Gasmaske. Außerdem wurde ein bisschen marschiert. Die meiste Zeit konnten wir individuell verbringen. Ich habe dort das einzige Mal in meinem Leben „ordentlich" geboxt: mit richtigen Boxhandschuhen, auf Sand bis zur Erschöpfung. Wir waren zudem öfter am FKK-

Strand, auch wenn sich wegen des kühlen Wetters dort nur wenige Nackte herumtrieben. Bei einer Wanderung auf dem Darss, durch den Urwald bis Fischland, fanden wir erstmals Strandgut im Sand. Eigentlich war es wohl eher Müll. In Erinnerung blieb mir ein Flaschenkorken mit einem darauf geprägten Zentaur. Damals wusste ich noch nicht, dass der mal eine Flasche mit köstlichem Remy Martin verschlossen hatte ... Auch in diesem Lager wurde in 15-Mann-Zelten übernachtet.

Nachdem ich danach am Sonnabend (14. August) als Gesundheitshelfer beim Bergrennen Lückendorf Dienst tat und mich vor allem an den Fahrkünsten von Heinz Melkus begeistert hatte, fuhr ich am Sonntag schon ins „Sanilager" nach Weißwasser. Im dortigen Pionierlager „Phillip Müller" am Braunsteich hatte die Jugendrotkreuz-Grundorganisation der EOS ein eigenes Zeltlager am Ufer des wegen Entschlammungsvorbereitungen leeren Teiches eingerichtet. Wir waren etwa 30 Leute in zwölf Zelten. Wir bildeten uns weiter, machten „Formationsdienst" (marschieren und exerzieren!), übten den Aufbau verschiedener Zelte und lernten die vielseitige Verwendbarkeit individueller Zeltplanen kennen, besichtigten ein Glaswerk in Weißwasser, spielten mit französischen Gästen des Lagers Volleyball, machten einen Ausflug mit der Waldeisenbahn nach Bad Muskau, tranken, sangen und tanzten auch tüchtig.

Nach der zehnten Klasse unternahmen wir vom 24. Juli bis 7. August eine Klassenfahrt nach Tiefensee, einem kleinen Nest bei Berlin am idyllischen Gamensee. Frau Schubert hatte dort schon einmal mit ihrer früheren Klasse gezeltet und kannte sich deshalb aus. Denn wo wir waren, war sonst nichts. Auf die Wiese neben unseren Zelten hatte ein Bauer einen Wasserwagen gestellt, der sonst als Viehtränke diente, für uns aber mit einem „ordentlichen" Wasserhahn versehen war. Unsere Morgen- und Abendtoiletten verrichteten wir im seichten, glasklaren Wasser des Gamensees. Anstelle eines WC haben wir im dichten Unterholz eine Grube ausgehoben, einen „Donnerbalken" davor errichtet und einem Kalkeimer daneben gestellt. Die Benutzung war ziemlich unbequem, meist ging ich mit meinem Spaten deshalb, wenn es nötig war, an eine andere Stelle im Wald und tarnte dann meine Hinterlassenschaft so gut es ging.

Eines Tages kam ein Kontrollgremium von der Abteilung Volksbildung. Was die wollten, weiß ich gar nicht mehr, die sanitären Zustände hat sie wohl weniger interessiert. Jedenfalls haben wir uns verpflichtet und auch realisiert, einen Arbeitseinsatz in der örtlichen

LPG zu leisten und das dafür erhaltende Geld für (Nord-)Vietnam zu spenden.

Wir hatten den Ehrgeiz, uns selbst zu verpflegen. Der Ausbildungsbetrieb der Kesselbauer Textima hatte uns zwei riesengroße Töpfe geliehen. Darin kochten wir auf brennenden Holzscheiten, Feuer wäre übertrieben, Nudeln und Kartoffeln. Vor 15 Uhr gab es nie Mittag. Auf unseren Berlin-Ausflügen waren wir da besser dran; das Essen war zwar etwas teurer, aber pünktlich und schmeckte auch besser. Wir besuchten nicht nur Museen und Sehenswürdigkeiten, waren auch am und auf dem Müggelsee und in Grünau. In diesen Tagen spielte die Welt in England Fußball. „Deutschland" interessierte uns zwar wenig, höchstens die Fußballverrückten in der Klasse, das Halbfinalspiel gegen die „Russen", damals Sowjetunion, haben wir uns im krächzendem Kofferradio am Badestrand angehört. Unser Gepäck, die Zelte und Ausrüstungen wurden übrigens vom Hersteller Robur auf für uns kostenlosen „Testfahrten" eines LKWs nach Tiefensee und zurück transportiert.

Nach einer Woche zu Hause fuhr ich schon wieder für eine Woche ins DRK-Lager nach Weißwasser. Diesmal schlugen wir unsere Zelte etwas abgelegen im Walde auf. Wieder gab es etwas Unterricht, etwas Formationsdienst und viel Freizeit, wieder waren wir in Bad Muskau und in der Bärenhütte (Glashersteller), im Kino und in Forst/Lausitz. Zusätzlich besuchten wir das alte Eishockeystadion von Dynamo Weißwasser. Das fasste 12 000 Zuschauer und war bei seiner Fertigstellung 1959 das modernste Kunsteisstadion Europas. Nun ist es abgerissen und hat einer Eissporthalle Platz gemacht, die den aktuellen Verbandsvorschriften entspricht.

Nach der elften Klasse fand das DRK-Lager südlich von Berlin statt. Unsere Zelte standen vom 1. bis 11. August im damaligen Ferienlager des VEB Werk für Fernsehelektronik Berlin „W. I. Kalinin" am Frauensee bei Prieros. Später wurde das ein zentrales Pionierlager und heute ist es ein Kinder- und Jugenderholungszentrum KiEZ. Wir vertrieben uns dort wie üblich die Zeit, waren auch mal in Berlin (Grünau) und besuchten in Potsdam Armeemuseum und Schloss Cecilienhof.

Nach bestandenem Abitur und absolvierter Facharbeiterprüfung unternahmen wir am 20.7. eine letzte Klassenfahrt, wieder nach Tiefensee. Diesmal verzichteten wir aufs Kochen auf offener Feuerstelle und gingen, wenn wir nicht ohnehin unterwegs waren, in die Gaststätte nach Tiefensee essen. Meist waren wir tagsüber in Berlin, einmal auch in Potsdam, und besichtigten vor allem Museen (Pergamon, Altes Museum, Sanssouci, Neues Palais, Tierpark, Treptow und dergleichen), waren aber auch im Kino und bei anderen Belustigungen. Inzwischen war am Gamensee der Aufbau eines Campingplatzes begonnen worden, mit Sanitärräumen, Wasser- und Stromversorgung. Der Nachteil war, dass wir nun nicht mehr ungestört lärmen und anderen Unfug machen durften. An einem der letzten, wehmütigen Abende haben wir dann alle Brüderschaft mit der „Chefin", unserer Lehrerin, getrunken und tags darauf Uta und Du zu ihr gesagt.

Irgendwie ergab es sich, dass ich mit dem alten Klassenkameraden Klaus nach dem ersten Studienjahr in Ermanglung anderer Urlaubsziele als Helfer noch einmal in Tiefensee campte. Uta hatte für ihre neue Klasse auch wieder dieses als Ziel nahe ihrem geliebten Berlin für die Klassenfahrt ausgewählt und für uns beide war eben auch noch Platz. An irgendeiner Stelle muss Uta eine Genehmigung einzuholen vergessen oder einen Termin überzogen haben. Die Klasse war auf einem Berlinausflug und wir beide dösten allein im Lager. Da kamen zwei von der Abteilung Volksbildung und wollten kontrollieren. Wir haben uns dumm gestellt und behauptet, die anderen wären schon abgereist. Das hat natürlich keiner geglaubt, wo doch alles Gepäck noch da war. Ich blieb stur bei meiner Ansage und fühlte mich bescheuert. Die Kontrolleure merkten natürlich, dass ich log, konnten aber nicht das Gegenteil beweisen und zogen unverrichteter Dinge grollend ab. Am nächsten Tag ist die Klasse dann doch flugs heimgefahren.

Vom Schreiben und Sprechen

Nicht erst, als ich beiläufig herausfand, dass ich auf den Tag genau mit Goethe Geburtstag feiern könnte, wäre er zweihundert Jahre jünger, hat mir Deutsch Spaß gemacht. Damit war ich fast immer der einzige in der Klasse. Ich hatte in Olbersdorf kaum Rechtschreib-Probleme, interessierte mich etwas für Grammatik, las unheimlich viel und schrieb gerne Aufsätze. Meine Gedichtrezitationen waren legendär, obwohl ich mit Lyrik damals schon immer etwas auf Kriegsfuß stand und meine Interpretationen und Deutungen selten dem Lehrplan-Zielen entsprachen. Aber beim Aufsagen der als Hausaufgabe zu erlernenden Gedichte kam ich meist als letzter dran, als erwarteter Höhepunkt der ganzen Rezitiererei. Einmal hatte ich es vergessen und musste mir das Gedicht merken, während meine Klassenkameraden es recht und schlecht interpretierten. Als letzter erhielt ich dann eine Eins. Meine Aufsätze wurden auch immer gut benotet. Allerdings beschleichen mich heute leise Zweifel: bei solch weichen, wenig konkreten Bewertungsmaßstäben könnte sich doch durchaus die Funktion meines Vaters als Elternvertreter in den Zensuren ausgewirkt haben. Mir hat das damals den Spaß am Schreiben aber nicht verdorben; mich hat eher gestört, dass der Umfang der Aufsätze begrenzt war und ich gar nicht alles schreiben konnte, was mir zum Thema eingefallen war.

Mein Verhältnis zu anderen Sprachen ist differenziert. Lediglich mit Englisch komme ich einigermaßen zurecht, die zehn Jahre Russisch-Unterricht waren scheinbar und gefühlt vergebens. Mit anderen Sprachen habe ich mich gar nicht erst versucht. Als ich wusste, dass ich ab der 9. Klasse die EOS besuchen werde und dort Englisch obligatorisch sein wird, habe ich noch in Olbersdorf einmal die Woche nachmittags am fakultativen Englischunterricht teilgenommen, während sich die anderen im Freibad oder anderswo die Zeit vertrieben und Spaß hatten.

Fremdsprachen führten damals ein ziemlich exotisches Dasein, lediglich Russisch wurde gefördert und gefordert. Später war von Belang, dass sich jede wissenschaftliche Arbeit auch auf sowjetische Quellen stützen musste, dass die Beschriftungen und Anweisungen an und für Waffen bei der NVA original russisch waren und bei Manövern des Warschauer Pakts nur auf Russisch befohlen wurde. Wir konnten hier bei Zittau weder Westsender empfangen noch westliche Presseerzeugnisse (außer vielleicht zeitweise „Nous garçons et les filles" und die „Organe" kommunistischer Parteien) erhalten.

Englisch hätten wir also nur im Radio auf dem 49m-Band zu hören bekommen: von schwachen ausländischen Sendern oder Radio Berlin International. Fremdsprachige Bücher konnte man im Internationalen Buch kaufen, der nächste solche Laden war in Dresden.

Um die deutsch-sowjetische Freundschaft zu fördern und uns Schülern vielleicht doch russisch schmackhaft zu machen, war es üblich, dass Brieffreundschaften mit etwa Gleichaltrigen in der Sowjetunion aufgenommen und gepflegt wurden. Ich hatte von den Russischlehrern (zuerst in der Pionierrepublik, dann auch an der EOS) Adressen von Mädchen aus dem Gebiet Wladimir (östlich von Moskau) und aus Mary (zweitgrößte Stadt Turkmenistans) erhalten. Ich musste mühsam russisch schreiben, die Antworten kamen dann kaum verständlich in simplem Deutsch. Irgendwann schlief das dann ein, gebracht hat es ohnehin nicht viel.

Viel erstrebenswerter erschienen mir da Briefwechsel auf Englisch, auch weil das nicht gefördert sondern allenfalls geduldet wurde. Aber wie soll man an Adressen solcher „penfriends" kommen? In den Jugendzeitschriften wurden Adressen und Wünsche nach Brieffreundschaften veröffentlicht. Gut hatte es, wer findige „Westverwandte" hatte, die neben Jeans, Leckereien und Spielzeug auch mal eine Bravo oder so in die DDR schmuggeln konnten. Mir wären nur die vielen Adressen aus Lagos in Nigeria geblieben, die monatlich in der Zeitschrift Jugend+Technik veröffentlicht wurden. Die wollte ich nicht. Manchmal gelang es mir, einen Blick in das eine oder andere „Westheft" eines Mitschülers zu werfen und mir eine Adresse mit englisch als Korrespondenzsprache abzuschreiben. Obwohl die Zeitschriften schon etwas älter waren, haben doch etliche Adressaten auf meine ersten Schreiben in englischer Sprache geantwortet. Das waren Mädchen aus Panama, England und Finnland sowie Jungs aus Pakistan und Schweden. Lediglich mit Elfi aus Österreich schreibe ich mich heute noch (natürlich auf Deutsch) und mit Bernard aus Frankreich habe ich zwei Briefe auf französisch (nur mit Hilfe eines Wörterbuches) gewechselt.

Das war mir zu wenig. Da habe ich einen Leserbrief an „Das Magazin" geschrieben und beiläufig angefragt, ob die mir nicht einen englischsprachigen Brieffreund vermitteln könnten. Ich bekam mit ein paar Dankeszeilen die Anschrift der Canadian Tribune, der Zeitung der kanadischen kommunistischen Partei. Die Kanadier haben tatsächlich meine Adresse mit Briefwunsch veröffentlicht. Ich erhielt eine einzige Zuschrift von Helene Spice aus Grande Prairie, Alberta. Wir schrieben uns relativ regelmäßig und schickten auch Päckchen hin und her. Nach ihrem Biologiestudium in Edmonton zog sie nach Halifax. Der Brief von dort war leider der letzte - wir haben uns danach gänzlich aus den Augen verloren.

An der EOS war Gustav Hager unser Russischlehrer. Er war vielseitig beschlagen, hielt sich für ein Sprachtalent, war Zittauer Original, Heimatforscher, Stadtführer und Philatelist. Als solcher erwähnte er im Unterricht das kleine Malta und seine Briefmarken. Diese Insel war bis 1964 britische Kronkolonie und eine ihrer Amtssprachen ist englisch. Ich schrieb kurzerhand an die Police Station La Valletta und bat den „Freund und Helfer" um Unterstützung bei der Suche nach Brieffreundschaften auf der Insel. Die Behörde hat tatsächlich meine Adresse in einer Jugendzeitschrift veröffentlichen lassen und ich erhielt in kürzester Zeit Zuschriften von insgesamt 27 Schreibwilligen aus allen Teilen Maltas! Ich habe allen mindestens einmal geantwortet. Als es zu aufwendig wurde, gab ich die meisten Anschriften etlichen Mitschülern aus meiner Klasse. Mit einigen schrieb ich mich ziemlich lange. Als ich jedoch gegenseitige Besuche ausschlagen musste und dort unten begriffen wurde, dass es zwei Deutschlands gab, schliefen die Verbindungen allmählich ein.

Meine letzte Brieffreundschaft ergab sich aus einer persönlichen Begegnung. Zum Abschluss unseres Studenteneinsatzes 1971 in Ungarn trafen wir am Lagerfeuer auch Studenten aus Litauen. Ich kam mit Vitautas Pikturna aus Kaunas ins Gespräch, wir tauschten die Adressen aus und schrieben uns bis er eines Tages zum letzten Mal aus Wien schrieb. Das war lange vor der Wende – wer weiß wie und warum er dorthin gekommen war.

Mein Gesundheitswesen

Nachdem die eingangs erwähnten Probleme als Neugeborener bewältigt waren, hatte ich, wenn ich mich recht erinnere, von den damals wie heute „üblichen" Kinderkrankheiten lediglich Masern, Windpocken und Keuchhusten. Und alles gut überstanden.

Eines späten Nachmittags im Hort, ich war in der zweiten Klasse, wollten mich meine Kameraden auf der Wippe „verhungern" lassen. Wir machten das oft, immer war jemand anderes dran, diesmal hatte es mich erwischt. Na wartet, dachte ich, da komme ich leicht aus der Misere. Ich wimmerte und bettelte nicht lange, sondern sprang hinunter. Dabei verstauchte ich mir heftig den rechten Arm. Am nächsten Tag fuhr ich mit Schmerzen und meinem Vater in die Poliklinik Zittau. Zum Glück stellte sich beim Röntgen heraus, der Arm war nicht gebrochen; ich kriegte einen schönen weißen Verband mit einer harten Schiene darunter und war so für zwei Wochen ruhig gestellt. Danach, als die Schiene ab war, durfte ich zwei Wochen lang alle zwei Tage wieder in die Poliklinik zur Massage. Ich fuhr allein mit dem Bus und hatte in einer kleinen Aktentasche aus Kunstleder mein Handtuch. Vor der Massage musste ich den bloßen Arm für 10 oder 15 Minuten in einen Lichtkasten legen. Der sah wie ein überdimensionaler Tunnel von der Modelleisenbahn aus. Darin waren etliche Glühlampen als Strahlungs-Wärmequellen. Die ersten Massagen waren trotzdem ganz schön schmerzhaft, später war es nicht mehr so schlimm.

Ziemlich genau ein Jahr später war der andere Arm dran. Im Turnen, heute würde man wohl Sportunterricht sagen, mussten wir über den Kasten. Weil der für diese Übung ungefähr so hoch wie wir groß waren, lag davor ein Feder-Sprungbrett. Damit und mit Anlauf kam jeder rauf. Ich natürlich auch. Oben wurde ich übermütig und ließ mich kopfüber hinunter gleiten. Mit den Armen stützte ich mich ab. Das nahm mein linker Oberarm übel und brach. Das tat schon ein bisschen weh. Ich kriegte gleich eine Unterrichtsbefreiung, eine Mitschülerin auch, die mich in den Hort begleitete und meinen Schulranzen trug. Ausnahmsweise durften wir auf der Entlastungsstraße gehen. Vielleicht waren wir unterwegs noch beim Dr. Horn, der natürlich auch nichts hätte machen können außer zum Röntgen zu schicken. Dies hat man dann auch in Zittau gemacht. Der da festgestellte „komplizierte Bruch" musste stationär gerichtet werden. So bin ich das erste Mal im Dezember 1958 ins Zittauer Krankenhaus gekommen. Ich lag im „Kinderzimmer" der Chirurgischen Station im Haus I. Nachdem ich mittels Äther-Tropfnarkose, ich habe bis über 20

69

gezählt, außer Gefecht gesetzt worden war, bin ich mit einem schönen Gipsarm im Zimmer wieder aufgewacht. Die Schmerzen waren aber geblieben. Die waren wirklich schlimm, selbst wenn an den drei wöchentlichen Besuchszeiten (Mittwoch und Sonntag von 14 bis 16 Uhr, Freitag von 17.30 bis 18 Uhr) wenigstens einmal jemand zu mir kam, war das zu viel, sehr zum Ärger meiner Mutter. Über Weihnachten durfte ich nach Hause und bekam unter anderem eine Strickjacke und ein Spiele-Magazin mit Mensch ärgere dich nicht, Mühle, Halma und so weiter geschenkt, habe mich aber auch nicht so richtig freuen können.

So bin ich noch im Dezember wieder auf Station gekommen, zwar in dasselbe Zimmer, aber mit anderen Insassen. Diesmal konnte ich bei der Narkose nur bis acht zählen, dann war ich weg. Einer im Zimmer war schon etwas älter und hat uns, vor allem mich, mit unwahrscheinlichen und spannenden Geschichten unterhalten, von Banden und Buden und Kämpfen. Wie im Kino war er immer der Chef und hatte auch immer gewonnen. In der langen Silvesternacht konnte er besonders viel fabulieren. Die Schmerzen waren nun weg und ich konnte mit meinem Gips bald wieder nach Hause. Meine Angst vor den erneuten Massage-Qualen war zum Glück diesmal unnötig – der Masseur hatte mehr Geschick. Mein Vater wollte, ob aus eigenem Antrieb oder auf schlechte Ratschläge hin, etwas gegen den Lehrer unternehmen und Schmerzensgeld für mich rausholen. Ich hatte zwar ein kleines schlechtes Gewissen, weil ich eigentlich ja gar nicht „abgerutscht" war, sondern mich hatte fallen lassen, aber das hätte ohnehin keine Bedeutung gehabt, weil der Sportlehrer weit weg von uns rumstand und niemand Hilfestellung gegeben hatte, was zwar seine Schuld, für das Erstreiten von Sanktionen oder Schmerzensgeld ein zu kleines Vergehen war, eine Unaufmerksamkeit eben. So ähnlich sagte das uns auch der oberste Sportlehrer im Kreis, den wir in der 5.Oberschule in Zittau konsultierten und mit ihm das betreffende Sprungbrett analysierten.

Der Arm war dann irgendwann ausgeheilt und ich hatte nun plötzlich Schmerzen im rechten Knie, besonders bei Draufknien. Nach einigen ärztlichen Irrläufern landeten wir (mit meinem Vater) bei Dr. Melzer, dem Chefart des Zittauer Krankenhauses, der schließlich die „Schlattersche Krankheit" diagnostizierte. Dieser „Morbus Osgood-Schlatter ist eine schmerzhafte Reizung des Ansatzes der Kniescheibensehne (Patellarsehne) am vorderen Schienbein. Hierbei kann es zu einer Ablösung und zu einem Absterben (Nekrose) von Knochenstücken aus dem Schienbein kommen. Es entsteht ein abgestorbener Knochenbezirk, der zur Gruppe der aseptischen Osteonekrosen gerechnet wird. Sie kann sowohl einseitig als auch beidseitig auftreten und betrifft meist Jungen im Alter zwischen 10 und 14 Jahren. Nach der Pubertät heilt sie folgenlos aus." Auch bei mir geschah das wie vorausgesehen. Bis dahin hatte ich eine Sportbefreiung und kriegte Medikamente. Weil ich die verschriebene Jodsalbe nicht vertrug, ich bekam einen Ausschlag, und die Vitamin E-Kapseln, die furchtbar bitter schmeckten, nach Liquidierung des privaten Merseburger Herstellers nicht mehr erhältlich waren, blieb es beim legendären Calcipot F, einer Kalziumtablette mit Fluor.

Ab der neunten Klasse, gerade in meiner neuen, der Erweiterten Oberschule, musste ich dann wieder am Sportunterricht teilnehmen. Aus Sorge, mich nach so langer sportlicher Abstinenz vor den neuen Klassenkameraden (wir sagten nie Mitschüler) vor allem in der Halle zu blamieren, trainierte ich einmal die Woche in der Zittauer Hauptturnhalle „Geräteturnen". Aber dazu später.

Eigentlich erst nach den hier zu schildernden Erlebnissen lagen meine übrigen erfolgreich behobenen Erkrankungen und Defekte. Aber weil es gerade so schön zum Thema passt, will ich sie gleich hier kurz abarbeiten.

Als Kind litt ich gelegentlich unter Nasenbluten. Die Ärztin, die nun in unserer ehemaligen Wohnung im „Doktorhaus" auf der Poststraße wohnte und praktizierte verordnete mit zunächst Gelaspon, einen Schwamm, den ich stückchenweise in das blutende Nasenloch stopfen musste und überwies mich dann doch zum HNO-Arzt. In Zittau gab es damals keinen, also fuhr ich nach Görlitz. Dort wurden Äderchen in der Nase mit Ameisensäure (sehr unangenehm) verätzt und das Nasenbluten wurde deutlich seltener, trat kaum noch auf.

Später schabte sie mir nach örtlicher „Vereisung" mal mit einem „scharfen Löffel" an die zwanzig Warzen von den Händen. Es hat heftig geblutet währenddessen und danach.

Gleich nachdem ich in Berlin zu arbeiten begonnen hatte, bemerkte mein Vater, dass ich einen „dicken Hals" hätte und mich „auf die Schilddrüse" untersuchen lassen solle. Zu dieser Zeit, Anfang der 70er Jahre liefen hier noch viele alte Leute, vor allem Frauen, mit einem Kropf durch die Gegend. Die Berliner Betriebsärztin schickte mich zum Röntgen in ein Ambulatorium in der Nähe vom Bahnhof Lichtenberg. Ich musste dort nüchtern erscheinen und einen kalkhaltigen (?) Brei zu mir nehmen, den ich unbedingt im Moment der Röntgenaufnahme zu schlucken hatte. Es stellte sich heraus, dass alles nicht so schlimm war, nur eine leichte Überfunktion. Aber ich musste von da ab mehrere Jahre lang täglich eine Tablette (Thyreothom) schlucken.

Im Jahr unserer Hochzeit hatte ich öfter Bauchschmerzen, selbst die Hochzeitsfeier in Oybin überstand ich nur gut mit Magentropfen und Tabletten. Später stellte sich dann heraus, dass sich ein Bandwurm in mir bequem gemacht hatte. Nachdem er entdeckt worden war, blieb er natürlich nicht mehr lange in mir - die entsprechenden Tabletten wirkten umgehend. Immerhin hatten wir zu dritt geheiratet.

Als dann Gundel öfter mal bei mir übernachten „durfte", missfiel ihr, dass ich wohl gelegentlich schnarchte und, weil das nicht normal sein könne, ich etwas unternehmen müsse. Die Betriebsärztin schickte mich dann 1976 wieder zum Spezialisten, in diesem Fall die HNO-Klinik und -Poliklinik der Charité. Dort stellte der Arzt eine leichte „Septumdeviation", also eine unregelmäßig gewachsene Nasenscheidewand, fest und ordnete eine Operation an. Die OP war grausam. Operateur war ein Arzt, der während Gundels Studium Histologie-Assistent war und also keine Ahnung hatte. Die Anästhesie-Spritzen in Rachen und Nase schmerzten schon höllisch, das Entfernen von Knochenleisten mit immerhin chromglänzenden Hammer und Meißel war kaum auszuhalten, zumal die Wirkung der Spritzen nachließ, ich mir aber keine weiteren verabreichen lassen wollte. Irgendwann war er fertig und ich kriegte einen riesengroßen Nasenschleuder-Verband, der natürlich trotzdem das heftige Hämatom nicht verstecken konnte. Gundel erschrak mächtig, als sie mich dann endlich mal zu Gesicht bekam. Nach ein paar Tagen auf Station durfte ich mit dem BVB-Bus nach Hause fahren. Der Zeitpunkt war günstig: in Montreal fanden gerade die Olympischen Sommerspiele statt. Da ich im Krankenstande früh ausschlafen konnte, habe ich trotz Zeitverschiebung dank Ost- wie West-Fernsehempfang alle Wettkämpfe live verfolgen können.

Nachdem wir ab 1977 wieder in Zittau wohnten hatte ich auch schon wieder, leider öfter heftige krampfartige Bauchschmerzen. Dietmar, ein Schulkamerad aus EOS-Zeiten, war nun mittlerweile praktizierender Arzt und diagnostizierte an Hand von Röntgenaufnahmen ein paar feine Gallensteine in mir. Er sorgte auch für einen baldigen Operationstermin im Zittauer Krankenhaus. Damals gab es da noch keine „Knopfloch-Chirurgie" und ich bekam einen schönen langen Schnitt in den Bauch. Seitdem habe ich keine Gallenblase und diesbezügliche Beschwerden mehr.

1993 machten wir (mit unserem neuen Blaupunkt-Camcorder, einer Sony-Lizenz) Urlaub an der spanischen Algarve, in Islantilla. Urplötzlich fiel mir eines Tages auf, dass ich alles doppelt sah. Gundel stellte außerdem erschrocken fest, dass mein Gesicht schief war: das linke Auge war auf einmal viel weiter unten im Gesicht als das rechte. Die „Doppelbilder" verfestigten sich und ich ging im September dann zum Augenarzt. Die Frau Doktor konnte auch nach intensiven Untersuchungen nichts feststellen, der hinzugezogene schon etwas betagte Augenarzt, der in der ehemaligen Poliklinik praktizierte, dank fehlender jeglicher Erfahrungen (und Ahnungen) mit der neuen Ultraschall-Technik auch nicht. Erst die Neurologin schickte mich, nachdem sie keinerlei Nervenschädigung konstatieren konnte, zur HNO-Ärztin. Diese konnte im ersten Augenschein auch nichts sehen, ließ mir aber den Kopf röntgen. Ich sah dann schon noch in der Ambulanz Marschnerstraße den riesigen weißen Fleck hinter der Stirn. Ich schaffte das Röntgenbild flugs zur HNO (Innere Weberstraße) und ließ das Auto auf der Lindenstraße stehen. Weil damals dort nur Anwohner parken durften, fand ich nach der Konsultation einen schönen Zettel mit Überweisungsträger an der Windschutzscheibe vor, den mein Schulfreund, nun Chef vom Ordnungsamt, nicht zurücknehmen konnte und wollte. Und das nach dieser erschütternden Diagnose: das Weiße war ein Gewächs oder Geschwür, ob gut- oder bösartig, vermochte auch nach der CT-Untersuchung im Görlitzer Klinikum (in Zittau gab es noch keinen Computertomograph) keiner zu sagen. Ich ließ mich an die Medizinische Akademie nach Dresden überweisen, fuhr mit Gundel hin und machte nach einer Konsultation gleich einen OP-Termin aus. Mit Oberarzt Dr. Tölle und Chefarzt Prof. Hüttenbrinck wurde auf meinen Wunsch vereinbart, dass nicht unter der Augenbraue sondern am Haaransatz mein Schädel geöffnet werden soll um das „Ding" entfernen zu können. Dem gingen noch diverse Untersuchungen voraus (MRT, Augen usw.). Als mir einige Tage nach der Operation Dr. Tölle mit Sicherheit sagen konnte, dass „es" ein gutartiges Osteom, also kein Krebs, war, habe ich doch glatt ein bisschen geheult. Im November, zu Gundels Geburtstagsfeier, war ich dann wieder genesen und fast wieder der Alte, wenn auch mit sehr langsam nachwachsenden Haaren.

Erste Hilfe

Ich war wohl in der sechsten oder siebenten Klasse, als ich in einem Schaukasten oder an der Wandzeitung im Schulhaus einen Aufruf las, mit dem aufgefordert wurde, „Junger Sanitäter" zu werden und einen Erste-Hilfe-Lehrgang zu absolvieren. Die Jungen Sanitäter waren die Kinderabteilung des DRK (Deutsches Rotes Kreuz [der DDR]) und gehörten auch irgendwie zur Pionierorganisation. Ich hatte mich davor gar nicht mit dem Thema beschäftigt, nun kam es mir aber sehr interessant vor. Nicht nur, dass man Bedürftigen, also Verletzten helfen konnte, auch die Ausrüstung, die ja nur aus einer Kunstleder-Verbandtasche bestand, schien mir ungeheuer attraktiv. Ich ging also zum Lehrgang, bestand die Prüfung theoretisch (Blutkreislauf, Knochengerüst und dergleichen) und praktisch (Verbände anlegen). Damit war ich Junger Sanitäter. Wir trafen uns einmal im Monat und übten Erste Hilfe. Bei schulischen Veranstaltungen (Sportfeste, Schulkonzert und dergleichen) standen wir mit unserer „Sanitasche" am Rande und hofften oder fürchteten, dass etwas passiert. Alljährlich fanden Wettkämpfe der Jungen Sanitäter statt. Ich erinnere mich noch an einen Kreisausscheid mit Finale im Kleinen Bad Großschönau. Wir Olbersdorfer mussten uns knapp einer Zittauer Gruppe geschlagen geben. Als ich in der achten Klasse war, überredete mich der Olbersdorfer Ortsvorsitzende des Roten Kreuzes, ordentliches Mitglied des DRK zu werden und die Ausbildung der Jungen Sanitäter zu übernehmen. Dazu musste ich gleichzeitig die Gesundheitshelfer-Ausbildung und einen Lehrgang zum Erreichen der Lehrbefähigung A (beides fand über Monate einmal die Woche in der Poliklinik Zittau statt) absolvieren. So wurde ich flugs zum zweiten Mann in der Ortsgruppe des Roten Kreuzes Olberdorf und kriegte neben der „Großen" Sanitasche auch eine graue DRK-Uniform. Ab der neunten Klasse war ich ja in Zittau an der Erweiterten Oberschule und machte nur noch ein Jahr in Olbersdorf ehrenamtliche Rotkreuz-Arbeit.

An der EOS gab es ein reges Jugendrotkreuz-Leben. Jeder Schüler war angehalten, sich an der Schule neben der FDJ weiter aktiv „gesellschaftlich", natürlich ehrenamtlich zu betätigen. Ausnahmsweise konnte das im Sport oder mit Musik sein, vorzuziehen war aber die Mitgliedschaft für Jungen in der GST (Gesellschaft für Sport und Technik) und für Mädchen im Jugendrotkreuz. Einige wenige favorisierten die ideologische Weiterbildung in Marxismus-Leninismus und führten in der Abzeichen-Prüfungskommission die Lehrgänge und Prüfungen im FDJ-Lehrjahr zum Erwerb des „Abzeichen für Gutes

Wissen" in Bronze, Silber und Gold durch. Musische (Musikschule, Chor) oder kirchliche (Junge Gemeinde) Aktivitäten „zählten" nicht und waren zusätzlich zu absolvieren.

Fast alle weiblichen Schüler der Penne waren im DRK. Mit meiner „Vergangenheit" wurde ich bald Ausbilder und Zugführer und lernte bei dieser Gelegenheit Gundel kennen. Als Zugführer hatte ich entsprechend eines zentralen Dienstplanes an einigen Wochen im Jahr die Erste Hilfe im Theater zu organisieren. Für jede Veranstaltung waren zwei Gesundheitshelfer zu benennen, die während der Vorstellung (die sie neben dem Feuerwehrmann auf Stühlen in der letzten Reihe des Zuschauersaals verfolgen konnten) und in den Pausen im Notfall Erste Hilfe leisten sollten. Das kam äußerst selten vor. Zunächst war ich Gruppenführer der neunten Klassen. Unseren ersten Jugendrotkreuz-Kreiswettkampf, die „Verletzten" lagen auf dem Gelände des Altersheimes Eckartsberg (heute „come back" Suchtberatung und -betreuung) und der Abschluss-Appell mit Siegerehrung war im Hof der Weinauschule, haben wir wohl aus Versehen und völlig überraschend gewonnen. Dafür habe ich mit meiner Gruppe dann beim Bezirksausscheid in und um den Dresdner „Pionierpalast" (Albertschlösschen) grandios versagt, nur eine Gruppe war noch schlechter.

Viel interessanter waren dann die alljährlichen „Sanilager". Für eine Woche fuhren alle Sanis ins Zeltlager und machten Urlaub mit etwas Erste Hilfe-Weiterbildung. Zwei Mal waren wir als innerschulischer Bereich Gäste im Pionierlager (der Glasmacher) am Braunteich in Weißwasser und einmal als Kreisverband im Pionierlager am Frauensee zwischen Gräbendorf und Prieros nahe Berlin. Mir verging die Zeit immer viel zu schnell. Wir übten Katastrophenschutz (Zelt aufbauen und dergleichen, Wundversorgung und andere erste Hilfe), Exerzieren und Marschieren, trieben Sport, versuchten weniger Nikotin, mehr Alkohol, hatten romantische Lagerfeuer und manche kamen den Mädchen näher... Mit dem Jugendrotkreuz war ich auch für eine Woche in einem Zeltlager in Brinckmannsdorf zur Rostocker Ostseewoche. Auch das war hauptsächlich Urlaub.

Die ganze Rotkreuz-Geschichte hat mir immer sehr viel Spaß gemacht, zum Glück brauchte ich mein diesbezügliches Können und Wissen nie unter Beweis zu stellen. Nach der Schule habe ich enthusiastisch versucht, an den Rotkreuz-öden Orten, in die es mich nacheinander verschlagen hatte, etwas zu organisieren und auf die Beine zu stellen, leider vergebens. An der TU Dresden rief ich als frisch immatrikulierter Student zur Gründungsveranstaltung auf und organisierte einen großen Hörsaal. Die sechs Leute, die nur kamen, hätten in unserer Studentenbude im Wohnheim Platz gehabt. Ich verschob deshalb den offiziellen Teil der Gründung auf nie wieder. Auf meiner ersten Arbeitsstelle, dem VEB TGA Forst, scheiterte die Gründung einer Betriebsorganisation schon am passiven Widerstand des Kreisverbandes Forst, obwohl doch eigentlich jeder Betrieb für die Erste Hilfe, also für die Ausbildung und das Vorhandensein ausreichender Gesundheitshelfer, so hießen in der DDR Sanitäter und Samariter, und technischer Voraussetzungen wie Sanikästen, Tragen und dergleichen, gesetzlich verpflichtet war. Nach diesen Erfahrungen und dem Anwachsen anderer Interessen habe ich mich mit diesem Thema nicht mehr beschäftigt und bin auch aus der Organisation Deutsches Rotes Kreuz in der DDR ausgetreten. Uniform und Sanitasche hatte ich schon nach dem Abitur abgegeben.

Meine Musik

Weihnachten 1962 bekam ich ein rotes „Weltmeister"-Akkordeon mit 80 Bässen geschenkt. Um meinen Eltern eine Freude zu machen, zeigte ich meine Freude darüber euphorisch. Ich ahnte schon die mühselige „Arbeit", die auf mich zukam, um das Beherrschen des Instrumentes zu erlernen. Noch überwog aber die Freude auf das Spielen, später auch mit meinem Vater. Der hatte das Akkordeon für mich ausgesucht, damit er jemanden hätte, der ihn auf Geige und Klarinette begleiten könnte; zweite Stimme und Bässe. Ich fand die Aussicht auch nicht schlecht. Weil ich, wie sich bei einem Eignungsgespräch heraus gestellt hatte, nicht talentiert genug war, ein Instrument an der (staatlichen) Kreismusikschule zu erlernen, musste mein Vater einen privaten Musiklehrer suchen. Er fand keinen; auch keinen Musiker, der mich unterrichten konnte und wollte. Schließlich trieb er einen Vermessungsingenieur auf, der früher nebenbei Musik gemacht hatte, jetzt Rentner war und nun um sich etwas dazu zu verdienen, mir das Akkordeonspielen beibringen wollte und wohl auch könnte. Letzteres hatte ein Kapellmeister Staub meinem Vater versichert. Der vermeintliche Akkordeon-Lehrer wohnte auf der Straße der Einheit (Bahnhofstraße) in Zittau in dem Haus, wo früher Bäcker Görlich Backstube und Laden hatte. Ich fuhr jede Woche einmal mit dem Bus zur Akkordeonstunde. Zum Glück besaß der Lehrer zwei Instrumente, so dass ich meins nicht mitzunehmen brauchte. Als erstes stellte er fest, dass mein Akkordeon mit nur 80 Bässen und drei Registern zu klein war, denn es fehlten die „verminderten oder moll-Dominantsept-Akkorde", die unbedingt gebraucht würden (ich brauchte und brauche sie höchst selten). Es musste also ein 120-Bass-Akkordeon mit fünf Registern her. Wir kauften wieder ein „Weltmeister" aus Klingenthal (die einzig erhältliche Marke) für über 600 Mark in einem Laden auf dem Zittauer Rathausplatz 6.

Dieses Geschäft, in dem sich heute ein Blumengeschäft befindet, war lange Zeit Ausweichquartier vor allem für den Handel in Zittau, wenn die Geschäfte renoviert wurden oder größere Umbauten anstanden. Neben dem Ausweich für das damalige HO-Musikhaus „Melodie" (Innere Weberstraße) waren darin auch vorübergehend das Postamt 1, während dies umgebaut wurde und dabei die herrlich alten Schalterreihen einbüßte, ein Schuhladen, in dem ich mir meine ersten (schwarzen Halb-)Schuhe für 40 Mark selbst kaufte, RFT (Radio und Fernsehen) von der Inneren Weber-Ecke Innere Oybiner Straße und andere.

Der Unterricht selbst war, vorsichtig ausgedrückt, eigenwillig. Manchmal schikanierte er mich regelrecht mit schwierigen Tempo- und Fingerübungen; an anderen Tagen sah er großzügig über meine mangelhaften Übungen hinweg (ich übte keineswegs täglich die geforderte eine Stunde). Oft machte er gar keine oder nur wenige Minuten Musik, sondern laberte stattdessen ausschweifend über alles Mögliche, am liebsten als einst leidenschaftlicher Motorradfahrer über seine Zeit beim NSKK, dem National-Sozialistischen Kraftfahrer-Korps, und die Schikanen, denen er deshalb später in der DDR ausgesetzt gewesen wäre.

Dennoch lernte ich das Instrument einigermaßen gut zu beherrschen. Ich hatte bald sehr viele Noten. Die waren damals erschwinglich (ein [Schlager-]Lied kostete 1,20 Mark, Noten-Alben zwischen 5 und 12 Mark) und in vier Zittauer Geschäften erhältlich. Manchmal spielte ich mit meinem Vater zusammen. Dabei wählte er sein Instrument (Geige oder Klarinette) je nach Stück aus mir unerfindlichen Gründen. Es blieb nicht aus, dass ich mein Können auch solo anderen vorführte. Ich spielte nicht nur in der Familie und vor Gästen, sondern auch bei Veranstaltungen in der Schule, vor der Klasse und beim Schulkonzert in der Turnhalle. Später trat ich gelegentlich mit meinem Vater zusammen vor Publikum auf, als Solist und als Duo, wobei ich eben meist die Begleitung von Geige oder Klarinette zu spielen hatte. Dies geschah regelmäßig zu den Jahreshauptversammlungen der Kleingartenanlage „Rothe", wo mein Vater seinen Schrebergarten hatte, und als musikalische Umrahmung der Weihnachtsfeiern im Altersheim Hirschfelde, als mein Opa dort lebte.

Später spielte ich nur noch sehr sporadisch, eigentlich nur noch Weihnachtslieder. In der achten Klasse wollte ich mit der Zeit gehen und kaufte mir (für 27 Mark) eine billige Gitarre und eine Gitarrenschule (Notenheft) dazu: ich wollte mir selbst Gitarrespielen beibringen. Ich packte es nicht, nicht mal Barrè-Griffe kriegte ich hin. Die Klampfe borgte ich dann einem aus meiner Klasse, damit er sich daran versuchen könne. Seitdem ist sie weg. Dreißig Jahre später gestand er mir, dass er auch nicht hätte spielen können, zumal seine resolute Mutter mein (!) Instrument beizeiten wegen Ruhestörung entsorgt hätte.

Dennoch und überhaupt war und bin ich Musikfreund, aber eher ein passiver. Naturgemäß war ich zunächst wie Eltern und Opa ein Freund von Blas- und Volksmusik. In der Schulzeit waren es dann eher Schlager bis zu Penne-Zeiten die wilden Jahre des Beat

78

vorherrschten. Obwohl ich die Beatles immer mehr mochte als die Stones, habe ich mich dennoch geärgert, dass wochenlang „Help" in den Hitparaden vor dem doch viel besseren „Satisfaction" lag. Damals bestand unser Kontakt zur Welt außerhalb der DDR übrigens nur im Hören von Radio Luxemburg (RTL-Vorläufer), einem „Soldatensender" und ein, zwei anderen deutschsprachigen Sendern im 49m-Band auf Kurzwelle mit allen möglichen atmosphärischen Störungen. Die Hitparade kam Sonntagnachmittag und wurde anfangs von Camillo Felgen, später von Frank (Elstner) moderiert. Frank kam auch schon Sonnabend mit „Der großen Acht". Das waren die per Telefon vom Sender in diversen Plattenläden ermittelten acht meistverkauften Schallplatten der Woche.

Während der EOS war ich natürlich auch in der Tanzstunde. Die wurde von dem Zittauer Original Fräulein Else Barsch durchgeführt. Die Chefin bediente auch den Plattenspieler selbst. Getanzt haben wir im „Grünen Ring" (Jugendklubhaus DT 64) und in der Aula der Robur Berufsschule, die Bälle fanden im Volkshaus statt. Neben den Standard- und Lateintänzen wurde als modisches Extra noch Twist einstudiert. Auch Anstandsregeln und Umgangsformen brachte uns Fräulein Barsch bei. Regulär gab es keine festen Paare: zu Beginn und beim Erlernen neuer Schritte standen sich Jungs und Mädchen auf der Tanzfläche getrennt gegenüber. Auf Kommando der Tanzlehrerin durften wir Jungs über den Saal zu unserer Auserwählten eilen. War das zu stürmisch, wurde die Aktion wiederholt. Ich habe mich bald schon nicht mehr an dieser Rangelei um die hübschesten und besten Tänzerinnen beteiligt. Das war ohnehin sinnlos, weil nach ein, zwei Tänzen alle Paare sich im Kreis aufzustellen hatten und die Partner getauscht werden mussten, indem die Jungs zwei bis sechs Partnerinnen weitergingen. Mit dieser war dann der große Rest der Runde zu tanzen. Hatte man also anfangs eine tolle Tänzerin erobert, konnte man sich nach dem Tausch ja nur „verschlechtern", nahm man zunächst mit der zweiten Wahl vorlieb, konnte es ja nur besser werden. Manche tricksten Fräulein Barsch natürlich doch aus, wenn sich beide einig waren.

Vor dem Mittel- und dem Abschlussball musste ein Mädchen dann als Partnerin gewählt und eingeladen werden. Ich tanzte beide Bälle mit Eva aus Großschönau. Sie „gestattete" übrigens, dass ich nicht zum Anstandsbesuch in ihrem Elternhaus mit Blumen und so erscheinen musste. Wir holten das in Form einer kurzen und knappen Vorstellung nach, als wir uns vor der Veranstaltung im Foyer des

Volkshauses in Zittau trafen. Meine Eltern nahmen übrigens nie an den Bällen teil.

Während der Oberschulzeit war ich wie die meisten unserer Klasse als Abonnent im Theaterring regelmäßiger Theaterbesucher. Weil damals das Zittauer Stadttheater ein Vollspartentheater war, sahen wir viele Schauspiele (ich erinnere mich besonders an Stücke von Goldoni, Brecht, Schiller, Schwarz, Shaw und Shakespeare), ein Ballett im Jahr, Operetten (von Strauß und Lehár) und Opern (unter anderem Zar und Zimmermann, Ein wahrer Mensch, Macht des Schicksals). Damit nicht genug, besorgte ich mir auch Karten für Gastspiele. Einmal gastierten zwei von der Dresdner Herkuleskeule im Kino/Hörsaal Albertstraße – und ich wurde Kabarettfan. Ein anderes Mal gastierte „Günter Hörig und seine Dresdner Tanzsinfoniker" im Kulturhaus der NVA-Offiziershochschule (in der Zittauer Kaserne). Seitdem begeistert mich Dixieland und Oldtime Jazz. Der bis zur Pause gespielte Modern Jazz konnte (und kann) mich nicht berühren. Als Student habe ich in Dresden dann etliche Jazzkonzerte besucht, im Steinsaal des Hygienemuseums und in der TU-Mensa. Meist spielten da die Elbmeadow Ramblers und die Blue Wonder Jazzband. Den Start des Dresdner Dixielandfestivals, die Jazzkonzerte mit Uschi Brüning und Manfred Krug im Kulturpalast ab 1970 habe ich leider versäumt, da die jeweils Ostern stattfanden, wenn ich zu Hause in Olbersdorf war.

Als Student in Dresden gönnte ich mir aber noch einiges mehr an Musik und Kultur. Ich war nicht nur jede Woche mit Roland oder Klaus (auch TU-Studenten aus meiner Zittauer Klasse) in einem anderen Kino, sondern allein auch im Theater. Die Semperoper war noch Ruine, deshalb sah und hörte ich den Fliegenden Holländer und Don Carlos im Großen Haus und Den Postillon von Lonjumeau im Kleinen Haus. Dort sah ich auch Schauspiele mit Rolf Hoppe an der Seite damals berühmter Dresdner Mimen wie Herden und Tschokke. In der Staatsoperette Leuben sah ich zum ersten Mal Musicals wie My Fair Lady. Für die Dresdner Philharmonie erwarb ich das fünf Konzerte umfassende „Konzertanrecht für Betriebe". Im Beethoven- und Schostakowitsch-Jahr wurde in jedem Konzert je ein Werk der beiden und ein weiteres gegeben. Mindestens zwei Konzerte dirigierte der damalige Chefdirigent Kurt Masur selbst. Vielleicht war es nur Einbildung oder es lag am Repertoire, aber ich fand, unter seiner Leitung klang das Orchester besser, als unter dem „Vize". Den gleichen Eindruck hatte ich vom Kreuzchor unter seinem damaligen Chef Rudolf Mauersberger, der in der Kreuzchorvesper nach dem liturgischen ersten Teil den Chor ganz phantastisch im zweiten Teil selbst dirigierte.

Außerdem kratzte ich allmonatlich von meinem Stipendium 12,10 Mark zusammen und kaufte eine Schallplatte. So kam ich zu allen Sinfonien, dem Violin- und den fünf Klavierkonzerten von Beethoven. Auch Tschaikowski kaufte ich. Für die drei Manfred-Krug-Platten und andere „Schlager" (einschließlich gecoverter Westmusik) musste ich allerdings jeweils 16,10 Mark hinlegen. Meist kaufte ich im Laden am Külzring. Einmal war ich auch in der Thälmann-(heute Wilsdruffer)straße. An diesem Tage wurde Mireille Mattieu verkauft. Der Verkäufer stöhnte: „Den ganzen Tag die Mattieu (im Lautsprecher) – ich halte das bald nicht mehr aus!" Ich habe die Scheibe dennoch gekauft.

Wie bei den meisten ändert sich im Laufe der Zeit der Musikgeschmack. Meine derzeitigen Favoriten sind vor allem Werke älterer, oder ernster Musik, besonders wenn vom Sinfonieorchester oder Klavier gespielt. Eigenartigerweise bemerke ich da heute oft durchaus heitere Passagen darin. Schon immer gern höre ich Beethoven und Tschaikowski, Verdi, auch Mozart und Rossini neuerdings, Schubert, Chopin, Bach und andere bis Ravel und Gershwin. Dazu kommen Dixieland und Beat, Hazy Osterwald, Roy Orbison und BZN. Die vollständige Liste wäre zu lang – sie bliebe ohnehin immer unvollständig.

Studium und Gesellschaft

Wie bereits vorn erwähnt, habe ich mich schon in der Grundschule „gesellschaftlich" oder wie es heute heißt ehrenamtlich engagiert. Meist habe ich das gern, oft aber eher gezwungenermaßen getan. Als de facto-Einzelkind aufgewachsen, Helmut war ja schon aus dem Haus als ich auf die Welt kam, und mit relativ alten Eltern war ich immer gern unter Gleichaltrigen, beim Spielen und Toben auf der Straße und im Gelände, in Kindergarten und Hort und eben auch bei Veranstaltungen und Treffen der „gesellschaftlichen Organisationen", Ferienlagern und dergleichen. Von meinen Funktionen bei den Pionieren und Sanitätern habe ich schon berichtet.

An der EOS hatte ich mit dem Jugend-Rotkreuz genug zu tun. Eventuellen Ambitionen, in der FDJ eine Funktion zu übernehmen, bremste unsere Klassenlehrerin Frau Schubert, warum auch immer. Ich wurde allerdings zum „FDJ-Kontrollposten" der Klasse gewählt. Das war eine Art Aufpasser analog der Arbeiter- und Bauern-Inspektion in den Betrieben und Einrichtungen, der auf die Einhaltung der Gesetze und sonstiger Bestimmungen der Betriebs- und Schulleitungen achten sollte. Dieses demokratische Deckmäntelchen diente mehr zur Besänftigung der Leute und bremste gelegentlich den politisch oder karrieregeil motivierten Übereifer mancher Leiter und Gremien, sollte aber auch auf die Umsetzung der Beschlüsse von Partei und Gewerkschaft achten. Ich habe in den vier Jahren EOS diesbezüglich gar nichts zu tun gehabt.

Mitten in der Abiturvorbereitung fand 1968 die Volksabstimmung zur neuen sozialistischen Verfassung der DDR statt. In einer Versammlung der Erstwähler waren in Wittgendorf auch zwei aus meiner Klasse. Erhard „Wampel" stellte da ein paar unliebsame Fragen und Christian sagte nichts dazu. Dies wurde nicht nur an der EOS umgehend als „ungeheure Provokation" gegen den Sozialismus und die DDR gewertet. Dem musste entschlossen entgegengetreten werden. Zunächst wurde den beiden Delinquenten eröffnet, dass sie nach dem Abitur Gelegenheit erhielten, sich (in der Nationalen Volksarmee) zu bewähren, ehe sie ein Studium aufnehmen dürften. Von uns anderen Schülern der Klasse wurde erwartet, dass wir dieser unverschämten Aktion des Klassenfeindes eine gebührende Antwort entgegensetzen. Sechs von uns und die Klassenlehrerin wurden gefragt, ob wir nicht sofort in die SED eintreten wollten. Nur Martina durfte dies nach Rücksprache mit ihren Eltern nicht, wir anderen „wollten", ich erst nach einem sinnlosen Anruf bei meiner Mutter im Betrieb. So bin ich unversehens in die Partei gekommen. Das heißt, man stellte zunächst einen Antrag zur Aufnahme als Kandidat. Dazu musste man zwei SED-Mitglieder als Bürgen beibringen, die sich dazu schriftlich erklären mussten. Nach zwei Jahren untadeligen Verhaltens konnte der Antrag auf ordentliche Mitgliedschaft gestellt werden. Der wurde dann (fast) immer angenommen. Als Mitgliedsbeitrag waren dynamisch gestaffelt mindestens 0,5 bis höchstens 3 Prozent des monatlichen Brutto-Einkommens zu entrichten. Da habe ich im Laufe der Zeit doch glatt einen ganzen Trabant der Partei geschenkt!

Die Volksabstimmung selbst haben wir EOS-Schüler dann als Wahlhelfer begleitet. Ich hatte schon ab zehn Uhr die wenigen wahlmüden Leute in Zittau aufzusuchen, zu erinnern oder aufzufordern, nun endlich ins Wahllokal eilen zu wollen. Viele waren es nicht, die bis dahin noch nicht abgestimmt hatten. Grundsätzliche Wahlverweigerer haben wir in ihren Wohnungen nicht angetroffen.

Als Genosse, so nannten sich in der DDR die SED-Mitglieder und wurden auch so tituliert, hatte ich neben den finanziellen Einbußen (Beitrag) vor allem weniger Freizeit (Versammlungen, Konferenzen, Schulungen) und sah mich ständig Forderungen nach noch mehr gesellschaftlicher Aktivität gegenüber.

Zunächst aber standen die Abiturprüfungen ins Haus. Deshalb und wegen der geschilderten Aktionen um die Volksabstimmung haben wir auch in der Abgeschiedenheit unserer Region von den 68er Tumulten und Rebellionen in Europa, vor allem Paris und Deutschland, sehr wenig mitbekommen. Wir blieben gelassen, weil erfahrungsgemäß aus den meisten rebellischen Studenten biedere „systemkonforme" Anwälte und Beamte werden. Dass einige als „Grüne" dann derart die Gesellschaft verändern würden, war nicht zu erwarten, von uns schon gar nicht. Für uns stand das Abi im Vordergrund.

Die DDR-einheitliche Reifeprüfung bestand aus schriftlicher Prüfung in Deutsch (Aufsatz), Mathematik, Russisch und einem Wahlfach (ich nahm Physik), aus einem Sport-Test und mindestens zwei mündlichen Prüfungen. Ich kam in Deutsch und Chemie dran. Schriftlich war „durchwachsen": Mathe und Russisch waren noch nie meine Stärken und bei Aufsätzen lag ich manchmal neben dem Thema. Bei der Physikprüfung nahm ich das Thermodynamik-Thema. Das kalorische Testergebnis befriedigte weder mich noch den beaufsichtigenden Lehrer. Er ließ mich den Versuch wiederholen und zerbrach dabei vor Aufregung selbst den Erlenmeyer-Kolben. Der zweite Test fiel dann allerdings glaubwürdiger aus. Leichtathletik und

Geräteturnen war gut zu schaffen. In der Abivorbereitung hatte mir Frau Schubert natürlich bedeutet, dass ich auch ohne große Lust Friedrich Wolfs „Professor Mamlock" lesen müsse. Das habe ich dann getan und den Faust auch noch überflogen, für alle Fälle. Daraufhin bekam ich mit Mamlock in der Prüfung eine Eins. In Chemie lief es nicht ganz so gut. Zunächst musste ich das Erstaunen des Prüfers, bei dem wir nie Unterricht hatten, zur Kenntnis nehmen, dass ich an keiner seiner Prüfungsvorbereitungen teilgenommen hatte. Mein Thema waren die anorganischen Kohlenstoff-Verbindungen der Carboxyl-Gruppe (COOH). Weil ich da einmal von Radikalen (aus der organischen Chemie) sprach und auch sonst ganz leichte Unsicherheit zeigte, hat es nur zur Zwei gereicht, aber immerhin.

Schon in der elften Klasse hatte das Problem der Berufswahl angestanden. Fast alle waren da noch unentschlossen; wir wollten natürlich studieren, aber was? Lediglich drei unserer acht Eisenbahnlehrlinge wollten Verkehr studieren, Dietmar Musik (Violine), Gunnar Polizeioffizier, drei Elektriker Elektrotechnik und die Kessel- und Behälterbauer meist „etwas mit Metall". Nur Christel wollte gar nichts studieren sondern gab als Berufswunsch „Hausfrau" an. Das wurde sie dann wohl auch nach ihrem vergeigten Abi. Dr. Metzger, ein Stellvertreter des Direktors, sprach in einer Stunde zur Berufsberatung über Studienfächer und Erfahrungen ehemaliger Schüler. An erster Stelle stand der große Bedarf an Lehrern (Physik/Mathematik sogar ohne Aufnahmeprüfung bei beliebigem Notendurchschnitt) und Offizieren. Mich hatten seit jeher Autos und Kfz-Technik interessiert. Ich erfuhr nun, der republikweit einzige Hochschulstudiengang an der TU Dresden würde zunächst eine harte Aufnahmeprüfung voraus setzen und sich dann vorwiegend mit Landtechnik und selbstfahrenden Bau- und Arbeitsmaschinen befassen. All das schreckte mich ab. Manfred aus der Parallelklasse mit Berufsausbildung bei Robur hatte diese Aufnahmeprüfung gemacht und natürlich nicht bestanden. Er hat dann Thermodynamik studiert. Ich hätte nur die Chance gehabt, Offizier für Fahrzeugtechnik werden zu können. Das war einerseits zwar von gewissem Reiz, letztendlich aber dann, nach einem Gespräch mit den Werbern vom Wehrkreiskommando, doch nichts für mich.

Allerdings kam später das Gespräch auf einen ehemaligen Schüler, der in einem großen Hotel für den Betrieb und die Wartung aller technischen Einrichtungen zuständig sei und das mit großer Begeisterung tun würde. Das wäre vielleicht was für mich. Ich erkundigte mich, uns standen dicke Broschüren vom Ministerium für

Hoch- und Fachschulwesen zu Verfügung, und fand so das Fachgebiet Technische Gebäudeausrüstung, nur an der TU Dresden und der Fachschule für Bauwesen Erfurt zu studieren. Neben mir interessierte sich auch Roland für dieses Studienfach. Wir bewarben uns mit den Zeugnissen der elften Klasse und wurden prompt zum Eignungsgespräch eingeladen. Das fand im November 1967 im Schumann-Bau bei Professor Schuster statt. Der war der Wasser- und Sanitärspezialist und Fachbereichsleiter in der Fakultät Bauwesen und Architektur. Außer uns beiden waren noch zwei, drei weitere Interessenten da. Einer aus Bischofswerda steckte uns alle in den Sack: sein Vater war selbständiger Installateurmeister. Dabei kam es gar nicht so aufs Fachliche an, meinte der Professor, sondern mehr auf die „allgemeine Einstellung und zum Beruf". Es wurde, glaube ich, noch nichts Verbindliches gesagt aber wir sind im nächsten September alle immatrikuliert worden.

Die feierliche Immatrikulation fand im Großen Hörsaal des Barkhausenbaus statt. Schon vorher waren wir eine Woche im August zur „Studienvorbereitung" an der TU. Die bestand aus etwas Organisatorischem und viel „Rotlichtbestrahlung ", genannt Marxismus-Leninismus. Die Wohnheimplätze waren uns nach einem unergründlichen Schlüssel zugeteilt worden. Mir wurde ein Platz in einem Sechsmann-Zimmer mit Nachtstromheizung in einer Baracke Nöthnitzer Straße 48, unmittelbar neben dem Barkhausenbau, zugewiesen. Das war zwar momentan nicht von Belang, im Winter allerdings schon, wenn die Heiz- oder Speicherleistung des Ofens nicht ganz ausreichte. In der Nachbarbaracke hausten Jürgen und Klaus aus meiner alten EOS-Klasse. Beide studierten Elektrotechnik. Andere, wie die Studenten der Verfahrenstechnik wohnten in einer Baracke an der Fischhausstraße oder wie Roland (auch TGA) in einer Villa in der Tiergartenstraße. Nach dem Grundstudium durften wir umziehen. Etliche aus unserer Seminargruppe zogen in massive Baracken, die nahe dem Platz stehen, wo Münchner und Nöthnitzer Straße zusammenstoßen. Heute sind sie von den Gebäuden des Max-Planck-Instituts verdeckt. Die Viermann-Zimmer (zwei Doppelstockbetten) wurden von kleinen gekachelten Durchbrandöfen beheizt. Kohlen (Braunkohlebriketts) stellte das Wohnheim zur Verfügung, heizen mussten wir selbst.

Bei der Immatrikulation stellten wir überrascht fest, dass wir von der Technischen Gebäudeausrüstung nicht mehr zur Fakultät Bauwesen gehörten, sondern zu Maschinenbau und Technologie. Fachbereichsleiter war nun auch nicht mehr Professor Schuster, sondern Dr. Kraft. Wenig später bescherte uns die 3. Hochschulreform, auch die sozialistische genannt, noch weiter gehende Veränderungen. Die Studiendauer wurde von fünf auf vier Jahre verkürzt, dafür fiel das Praxissemester weg. Nach dem dritten Studienjahr gab es dann stattdessen ein Vierteljahr WPS (Wissenschaftlich-produktives Studium). Aus den sieben Fakultäten der TU Dresden wurden 22 Sektionen. TGA bildete mit den Thermodynamikern, den Kraft- und Arbeitsmaschinisten und den Strömungstechnikern die Sektion Thermische und mechanische Energieumwandlung. Sektionsdirektor wurde der Kältetechniker Professor Jungnickel. Unser Sektionsgebäude war der Merkel-Bau an der Helmholtzstraße. Der wurde übrigens nicht nach einer Bundeskanzlerin oder deren ersten Mann benannt, sondern nach dem Wissenschaftler Leopold Carl Friedrich Merkel (1892 – 1929), der in Dresden Thermodynamik gelehrt hatte. Die meisten Lehrveranstaltungen im Grundstudium fanden im riesigen Zeuner-Bau, am Zelleschen Weg und in den Gebäuden der ehemaligen Fakultät Maschinenbau statt.

Die Arbeiterklasse, also ihre Wirtschaft und Verwaltung, brauchte Ingenieure, mehr als die Hochschulen liefern konnten. An der TU wurde das „Schichtsystem" eingeführt. Die Lehrveranstaltungen im Grundstudium begannen allmorgendlich um sieben Uhr und sonnabends fanden Sportunterricht und Seminare mit Anwesenheitskontrolle statt. Im Fachstudium begannen wir erst mittags, dafür dauerte freitags beispielsweise das ungeliebte Strömungslehre-Seminar bis 21 Uhr. Da hatte ich Mühe, noch einen Zug nach Hause zu erwischen. Man konnte den angerissenen Abend allerdings auch feucht-fröhlich in Dresden ausklingen lassen. Der Sonnabend war für die älteren Semester frei von Lehrveranstaltungen.

Neben den Universitäten wurden auch die Fach- und Ingenieurschulen reformiert. Aus den meisten wurden Ingenieurhochschulen IHS (ähnlich der bundesdeutschen Fachhochschulen), als Berufsbezeichnung sollte der Hochschulingenieur etabliert werden, welcher nach erfolgreicher Verteidigung seiner (universitären) Diplomarbeit den ersten akademischen Grad „Diplom-" erwerben konnte. Dieses Diplom wurde übrigens auch für Naturwissenschaftler und Mediziner Voraussetzung, um promovieren zu können. Es tauchten Dipl.-med., Dipl.-Stom., Dipl.-Chem. und andere auf. Nach Absolvieren aller Abschlussprüfungen war ich dann amtlich bestätigter „Hochschulingenieur", das ist meine Berufsbezeichnung, und durfte meine Diplomarbeit schreiben. Nach der deutschen Einheit galt dann der Diplomingenieur als Berufsbezeichnung. Die Hochschulingenieure verschwanden geräuschlos. Sie konnten sich meist, wie auch die Fachschulingenieure, einen Dipl.-Ing. (FA) bescheinigen lassen.

In Zittau beispielsweise wurden „Lehrkräfte" und Studenten der Bau-Ingenieurschule (Schliebenstraße) nach Cottbus übersiedelt und bildeten dort eine Grundlage für die IHS in der Bezirkshauptstadt. Inzwischen ist eine Universität daraus geworden. Aus der Ingenieurschule für Energiewirtschaft „Julius Meyer" Zittau wurde die IHS mit dem Gebäude der Bauschule und den drei Fachbereichen Elektrotechnik, Kraftwerkstechnik und Sozialistische Betriebswirtschaft. Gründungsrektor war der Ökonom Professor Hildebrandt.

Zurück zu meinem TU-Studium. Die Leistungsfähigkeit der TGA-Studenten war meist bescheiden. Einige waren wegen schwacher Abiturergebnisse gleich auf TGA hingewiesen oder vom Bauingenieurwesen „umgelenkt" worden. Einer wechselte nach der Immatrikulation umgehend zum Bauwesen, wo er ursprünglich wegen seiner miesen Abiturnote nicht immatrikuliert werden konnte. Ich sah mich im Großen und Ganzen den „Lehrinhalten" gegenüber, die ich erwartet hatte. Von TGA war zunächst weit und breit keine Spur: Physik, Werkstoffkunde und Geometrie machten Spaß, Technische Mechanik und Thermodynamik weniger, in Mathematik verlor ich bald den Anschluss. Dennoch reichte mein Notendurchschnitt dafür, im zweiten Studienjahr ein Leistungsstipendium in Höhe von 40 Mark im Monat zu bekommen. In Englisch, vorwiegend Übersetzungen von Fachtexten und etwas Grammatik, war ich überdurchschnittlich gut. Dr. Prochnow fragte in einem sonnabendlichen Mechanik-Seminar, ob einer von uns in Englisch firm wäre. Ich kam mir so vor und wurde daraufhin in sein Arbeitszimmer in der Dürerstraße eingeladen. Dort bot er mir an, als sein Hilfsassistent (also studentische Hilfskraft) Fachtexte aus englischsprachigen Zeitschriften zu übersetzen. Auch dafür gab es 40 Mark im Monat. Bald stellte sich heraus, dass es sich nur eine Zeitschrift allerdings aller Jahrgänge und vorwiegend über Spannungsoptik handelte. Zum Glück existierte in der Unibibliothek ein Exemplar eines Fachwörterbuches, das nun ständig bei mir war. Ich brauchte auch nicht die ganzen Artikel zu übersetzen, sondern nur die Titel, Zusammenfassungen und Resumes. Die wichtigsten Beiträge hat Dr. Prochnow dann nach meinen Deutungen von „richtigen" Dolmetschern in voller Länge übersetzen lassen. Das Übersetzen machte ich mit etlichen Jahrgängen bis zum Schluss des Studiums und hatte ein Zubrot zum Grundstipendium von monatlich 190 Mark, was ich wegen der bescheidenen Einkommen meiner Eltern immer bekam. Das heißt, bekommen habe ich nur 180 Mark, denn zehn Mark wurden gleich als (komplette) Miete für das Wohnheim abgezogen.

Dennoch war mit diesem Geld auszukommen. Für eine Schüler-Rückfahrkarte für die Heimfahrt am Wochenende verlangte die Deutsche Reichsbahn einschließlich Eilzug-Zuschlag 3,95 Mark. Das Mensaessen kostete 60 Pfennige; es waren dafür also einmal monatlich reichlich 10 Mark fällig. Das ganze „restliche" Geld konnte gespart oder für Genüsse ausgegeben werden. Das waren nicht nur Speisen und Getränke wie Bier und Bauernfrühstück, auch Zigaretten, Kino, Theater, Schallplatten und Bücher. Ich gönnte mir auch mal ein Paar Schuhe, Anzug, Anorak und Hosen, ein Kofferradio „Stern Party" mit Kurz- und Mittelwelle und dergleichen. Fachbücher erwarb man billig von den höheren Semestern und verkaufte sie dann wieder an die niederen. Die Straßenbahn-Monatskarte (7,50 Mark/Monat) brauchten wir, die wir gleich neben dem TU-Gelände wohnten, nicht und fuhren sowieso meist „schwarz" oder fütterten die Zahlbox mit Pfennigen oder Knöpfen. Ich bin in den vier Jahren zweimal erwischt worden und musste Zähne knirschend je fünf Mark Strafe für das Schwarzfahren zahlen.

Beiläufig erfuhr ich, dass man die Sprachenprüfung schon nach dem ersten der beiden obligatorischen Semester machen könne, allerdings mit zusätzlicher mündlicher Prüfung. Als ich das beantragte, war die Lehrerin zwar traurig darüber, dass der einzige Lichtblick in der Seminargruppe damit wegfiele, aber ich bekam einen Prüfungstermin in den Winterferien. An einem saukalten Donnerstag war zunächst ein Fachtext (schriftlich) zu übersetzen und anschließend wurde englisch darüber geplaudert. Ich bestand und eilte danach frohgemut zum Bahnhof. Der Zug nach Zittau fuhr ausnahmsweise ab Dresden-Neustadt. Dort angekommen, war die Abfahrtzeit offen. Nach etlichen Stunden Warterei fuhr endlich ein Bummelzug. In Arnsdorf war aber Schluss, weil der Schneepflug von Bischofswerda noch nicht durchgekommen war. Der Zug fuhr zurück nach Dresden. Als der von einer Dampflokomotive geschobene Schneepflug endlich angekommen war, erreichten die frierenden aufgebrachten Reisenden, dass die Lok nicht wieder allein mit dem Schneepflug nach Bischofswerda zurück führe, sondern ein paar alte in Arnsdorf herumstehende Waggons mitnahm. Es quetschten sich so viele Leute rein, wie die Abteile fassen konnten. In Bischofswerda konnten wir dann ein paar Stunden in der Kälte warten, bis am Nachmittag der reguläre Eilzug Dresden-Zittau einfuhr. Insgesamt war ich auf den 100 Kilometern zwölf Stunden unterwegs. Eine ganz schön aufwendige Prüfung.

Als Parteimitglied war ich prädestiniert, gesellschaftliche Funktionen zu übernehmen. Ich wurde FDJ-Gruppensekretär unserer Seminargruppe. Das war nicht viel Arbeit. In der „FDJ-Studienjahrgangsleitung" traf ich alle Vierteljahre mit den anderen Gruppensekretären zusammen. Chef war Uli Melkus, der Motorenbau bei Kraft- und Arbeitsmaschinen studierte. Leider verunglückte er mitten in seiner Erfolg versprechenden Rennfahrerkarriere 1990 in einem MG bei Speyer tödlich. Mittwoch war FDJ-Tag, das heißt republikweit fanden an diesen Nachmittagen Versammlungen und Weiterbildung (FDJ-Studienjahr zur Erlangung des schon vorn erwähnten „Abzeichens für gutes Wissen") statt. Das bürgerte sich so ein, weil Montag Tag der Partei (SED) war. Zu Parteiversammlungen der Gruppen und der BPO (Betriebsparteiorganisation) sowie zum auch ungeliebten Parteilehrjahr hatte man sich immer montags einzufinden. Als Student konnte ich, ohne dass Ärger wegen versäumter Veranstaltungen drohte, nur donnerstags ins Kino gehen. Dienstag war für andere (auch kulturelle) Aktionen frei, freitags fuhren (fast) alle nach Hause. Ein paar Mal war ich auch bei Dynamo Dresden zum Heimspiel. Beim ersten Mal ging es gegen den FSV Lok Dresden gleich um den Aufstieg in die Oberliga. Im Heinz-Steyer-Stadion sah ich unter widrigen Umständen das WM-Qualifikationsspiel gegen Wales, das die Nationalmannschaft auch durch ein Tor von Wolfram Löwe, mit dem ich später als Reservist in Leipzig diente, mit 2:1 gewann. Ein Motorball-Oberligaspiel habe ich mir auch einmal begeistert in Dresden angesehen.

Nach dem dritten Studienjahr wurde ich für drei Monate zum WPS im Windkanal der TU an der Marschnerstraße geschickt. Dabei stand ich mit dem Fach Strömungslehre etwas auf Kriegsfuß. Ich interessierte mich zwar sehr für Fluiddynamik, die höheren „mathematischen Begleiterscheinungen" blieben mir allerdings meist verborgen. Meine schwachen Studien- und Prüfungsleistungen konnte ich allerdings in einer meiner wenigen mündlichen Prüfungen, bei Professor Albring, dem Fachbereichsleiter Strömungstechnik, erfolgreich aufbessern. Im Rahmen dieses wissenschaftlich-produktiven Studiums, dessen Ergebnisse in einem Beleg wie eine kleine Diplomarbeit zu dokumentieren waren, hatte ich nach Vorgaben des Leiters des Windkanals Dr. Benndorf die Strömungsverhältnisse der Raumluft bei Fußbodenheizung darzustellen, also sichtbar zu machen. Anstelle von Luft nahmen wir Wasser in einem gläsernen Aquarium, unter dessen Boden elektrische Heizelemente angebracht waren. Auf dem Boden wurden Kaliumpermanganat(KMnO4)-Kristalle befestigt. Zum Fixieren und Sichern, damit der intensive Farbstoff das erwärmte Wasser erst dann färbt (und Schlieren zieht), nachdem sich ein stabiler Strömungszustand eingestellt hat, mussten die lila Kristalle zunächst versteckt und dann ohne Beeinflussung der Strömungsverhältnisse wirksam werden. Wochenlang habe ich mühsam versucht, die Farbkristalle in geschmolzenem Zucker einzuschließen und auf den Glasboden zu kleben, ohne dass sich schon beim Bearbeiten dieser Zucker und damit auch das Wasser verfärben, noch ehe der thermodynamische Auftrieb einsetzt. Die wenigen gelungenen Versuche habe ich dann fotografisch und schriftlich dokumentiert und damit bewiesen, dass diese Versuchsanordnung ungeeignet ist.

Nach dem WPS beteilige ich mich am internationalen Studentenaustausch der Sektion Wasserwirtschaft und Wasserbau, weil dort noch freie Plätze waren. Wir fuhren mit dem D-Zug ohne Platzkarten 18 Uhr vom Dresdner Hauptbahnhof nach Budapest. Die Fahrkarte hin und zurück kostete so nur etwa 80 Mark, bis Bratislava standen wir im übervollen Zug oder saßen auf unseren Koffern. Gegen elf Uhr erreichten wir den Westbahnhof in der ungarischen Metropole. Ich kaufte mir für 32 Mark die erlaubte Höchstmenge an Forinth (100 Ft) und erwarb bei einem Straßenhändler für 16 davon ein Kilo frische Pfirsiche. Die schmeckten köstlich und waren mein ersten Essen nach 20 Stunden. Das Wochenende verbrachten wir in Budapest, wir wohnten in einem Studentenwohnheim.

Am Sonntag noch fuhren wir nach Szazhalombatta. Dort entstand gerade ein Kraftwerk und da sollten wir drei Wochen lang arbeiten. Von dem dabei verdienten Geld wurden alle Übernachtungs- und Verpflegungsausgaben beglichen. Der „Rest" konnte anschließend in einer Woche Urlaub am Balaton (in Lele) verprasst werden. Auf der Baustelle waren nicht nur ungarische und deutsche Studenten. Beim Abschlussabend mit Bier und am offenen Feuer gerösteten Speck kam ich mit einem Litauer ins mühsam auf Englisch geradebrechte Gespräch. Wir tauschten unsere Adressen aus und ich schrieb mich noch etliche Jahre mit Vitautas Pikturna aus Kaunas, bis die Korrespondenz nach einem Brief aus Wien abbrach. Zunächst aber galt es für mich und drei weiter Deutsche ein Fundament für einen doppelten Gittermast für Freileitungen auszuheben. Dafür standen uns schöne Schaufeln und drei Wochen Zeit zur Verfügung. Ein paar Meter neben uns standen etwa sechs ungarische Arbeiter bereit, das andere Mastfundament auszuschachten. Meist hielten sie sich an der Schaufel fest, tranken Sodawasser aus dem 5l-Siphon und redeten. Als wir schon nach zwei Wochen die endgültigen Ausmaße (bei vier Meter Tiefe) erreicht hatten und damit die Zuständigen mit der Übertragung neuer Arbeit für uns in arge Bedrängnis brachten, waren die Ungarn erst bei der reichlichen Hälfte und guckten argwöhnisch und ungläubig in unser Loch. Wir kriegten dann nur kleinere Arbeiten für die dritte Woche, beispielsweise mussten wir einen SIL-LKW per Hand mit Ziegeln be- und entladen. Die anstelle von Arbeitshandschuhen zur Verfügung gestellten Lederlappen mit Schlaufe fürs Handgelenk habe ich auf der Hängerkupplung liegen gelassen. Ich kriegte aber keinen Ärger, als sie dann sehr bald „weg" waren.

An einem Abend sind wir in der unglaublich schmutzigen Donau nackt „baden" gewesen. Weil es schon dunkel war, konnten wir weder zum Glück den Dreck im Wasser, noch leider die Mädchen draußen richtig sehen.

Die Wochenenden verbrachten wir immer in Budapest. Von meinem wenigen Geld kaufte ich mir eine Bosch-Zündkerze, die im Spatz auch nicht besser funktionierte als die von Isolator, und Pfeifentabak. Ich rauchte damals vorwiegend Pfeife und ließ mir überdies einen Vollbart stehen. Wir haben uns ein bisschen die Stadt angesehen, waren auf der Fischerbastei, auf der Margareteninsel im Bad, mit dem Schiff in Visegrad und im berühmten Budapester Vergnügungspark. Als wir eines Abends nach dem Essen in einem rustikalen Restaurant auf der Fischerbastei bezahlen wollten, waren wir plötzlich allein im Lokal. Wir gingen hinaus und sahen dort nicht nur alle Gäste, sondern auch das ganze Personal das große Feuerwerk zum Nationalfeiertag bewundern. Wir staunten mit und versuchten dann mit Erfolg, die Zeche zu prellen. Als wir das später am Plattensee noch einmal ohne Feuerwerk versuchten, haben die Kellner zwei von uns erwischt, verprügelt und abkassiert. Da haben wir ihnen die Zeche natürlich gezahlt.

Die Woche am Balaton war ganz schön, aber nicht überwältigend: das Wetter durchwachsen, die Unterkunft in komfortlosen Hütten, der Plattensee trüb und flach; nur die Schiffsausflüge nach Tihany und Badacsony (herrliche Fischsuppe, fantastische Weine) waren Klasse.

Am 27. August war das Abschlussessen im „Roten Krebs" in Budapest. Nach Mitternacht haben sie mir alle gratuliert und vom Haus bekam ich einen kleinen Kuchen mit Wunderkerzen. So hat mich die ganze vierwöchige Reise tatsächlich nur 112 Mark gekostet.

Die Diplomarbeit nach dem etwas verkürzten vierten Studienjahr habe ich dann von Juni bis August 1972 wiederum im Windkanal erstellt. Diesmal hatten wir, die Arbeit habe ich zusammen mit einem Dresdner Kommilitonen bearbeitet, was nicht immer von Vorteil war, es mit echtem Wind zu tun. In der DDR wurde geplant, die alte DIN 4701 zur Ermittlung des „Wärmebedarfs" durch eine neue TGL (Technische Normen, Gütevorschriften und Lieferbedingungen, die DDR-DIN) „Heizlastberechnung" zu ersetzen. Wir hatten in diesem Zusammenhang die Aufgabe zu untersuchen, ob die Einbautiefe von Fenstern in der Gebäudefront und die Luftdurchlässigkeit von Fensterfugen so hohen Einfluss auf den Wärmebedarf und damit die zu installierende Heizleistung haben, dass sie in der neuen TGL 26760 berücksichtigt werden müssen. Das haben wir gemacht und andere haben dann daraus geschlossen, dass die TGL ohne diese Erweiterungen auskommen kann. Der eigentlichen Diplomarbeit gingen umfangreiche Versuche im Windkanal voraus. Die mussten zeitlich so geplant werden, dass sie nicht mit den lukrativeren Aufträgen der Industrie zum Erlangen von „Drittmitteln" kollidierten.

In der Werkstatt des Windkanals hatten Tischler und Mechaniker einen auch für andere Versuche vorhandenen Diskus, Durchmesser zwei Meter, Dicke 30 cm, für unsere Zwecke umgebaut und für meine Versuche zwei Hochhaus-Modelle angefertigt. Von denen war eins mit, das andere ohne Fensternischen, in jedem Fall mit sehr vielen Drucksonden versehen. Die „Sonden" waren einfache Öffnungen an die dünne Schläuche angesteckt wurden, welche am anderen Ende mit je einem empfindlichen U-Rohr-Flüssigkeitsmanometer verbunden waren. Von diesen Manometern, kompakt angeordnet, konnte per Fotografie die Druckverteilung über die Gebäudeoberfläche schnell dokumentiert und später in aller Ruhe ausgewertet werden. Die Aufhängung des Diskus an dünnen Drähten gestattete Windkanal die unterschiedlichsten Anströmwinkel bei verschiedenen Anströmgeschwindigkeiten. Ob und wie die Hoch- und Umrechnung dieser Modellversuche auf die reale Wirklichkeit vorgenommen worden ist, weiß ich nicht mehr.

Für die anderen Versuche, für die mein Kommilitone zuständig war, konnte das Innere des Diskus herausgenommen und darin ein geschlossenes Fenster in unterschiedlicher Tiefe angebracht werden. Uns standen nicht nur je eins der DDR-üblichen Kasten- und Verbundfenster aus Holz, sondern auch ein Metall- und ein frisch importiertes PVC-Fenster mit Gummidichtungen zur Verfügung. Die Fenster hatten natürlich keine Drucksonden, hier wurden die Drücke im hermetisch abgedichteten Raum hinter den Fenstern im Diskus gemessen.

Damals gab es weder PC, noch Kopierer oder ähnliche heute unverzichtbare Bürogeräte. Nachdem das Manuskript unserer Arbeit den Segen von Dr. Benndorf gefunden hatte, wurde es auf transparentes Papier gezeichnet und mit Maschine geschrieben, um dann per Lichtpause vervielfältigt werden zu können. Die Schreibarbeit übernahm zum Glück und kostenlos Mutter meines Partners, eine gelernte Sekretärin. Um uns die vielen teuren Kopien zu ersparen, gaben wir pünktlich am 23. August 1972 erlaubterweise die transparenten Originale ab und begnügten uns mit den dünnen Durchschlägen.

Die Verteidigung der Arbeit fand dann erst im Oktober statt, da arbeiteten wir schon (als Hochschulingenieure). Weil ich aus dummer Sturheit nicht auf eine Interpretation eines Mitarbeiters vom Windkanal eingehen wollte, es ging um die vermutete Ursache eines Knicks in einer Druckverlaufskurve, haben wir schließlich nur eine Drei bekommen. Weil auf den Diplomurkunden (schon?) eine Zwei stand, mussten diese uns nachgeschickt werden. Datum und Note des Diploms hat aber später nie jemanden wirklich interessiert.

Ein bisschen Militär

Ein paar Wochen habe auch ich „mein sozialistisches Vaterland mit der Waffe in der Hand verteidigt". Die Musterung fand am Töpferberg gegenüber dem Stadtbad statt. Man hielt mich für die Rückwärtigen Dienste geeignet. Bis zum Abitur hatte sich herumgesprochen, dass Studienbewerber für lukrative Fachrichtungen (Medizin oder Journalistik beispielsweise) oder Naturwissenschaften und Jurisprudenz, die ohnehin erst mit 25 Jahren ihr Studium beginnen durften, vor dem Studium ihren Grundwehrdienst ableisten mussten, angehenden Medizinern wurde geraten, als Soldat auf Zeit gar drei Jahre zu „dienen". Leute, die gebraucht wurden, wie die meisten Ingenieure und Lehrer, und an großen Hochschulen zu studieren beabsichtigten, wurden nur ausnahmsweise und bei akutem Wehrpflichtigenmangel des jeweiligen Wehrkreiskommandos noch vor dem Studium eingezogen. An mir ging der Trog vorüber, ich konnte überpünktlich im August schon anfangen zu studieren.

Nach dem ersten Studienjahr war es dann so weit. Im Juni/Juli hatten wir vier zusammenhängende Wochen vorlesungsfrei und Urlaub. Eine davon verbrachte ich mit Klaus als Hilfslehrer/Aufpasser mit Uta Schuberts aktueller Klasse im Zeltlager Tiefensee am Gamensee. Ende Juli trafen wir uns an der TU und nahmen unsere NVA-Uniformen in Empfang. Tags darauf ging es darin und mit ein paar persönlichen Habseligkeiten per Sonderzug nach Seelingstädt bei Werdau. Dort war ab 1949 durch die SDAG Wismut Uranerz in mehreren Tagebauen abgebaut worden.

In den nicht mehr benötigten Unterkünften der Kumpel, das waren zweistöckige Baracken, betrieb die NVA ihre Abteilung VII, das Ausbildungslager „Peter Göring". Der Namensgeber war als DDR-Grenzsoldat von Westberlin aus im Dienst erschossen worden. In diesem Lager erhielten wir „ungedienten" Studenten unsere militärische Grundausbildung als Mot.-Schütze. Das war früher die Infanterie, heute Panzerjäger, bei uns „Angehörige einer motorisierten Schützeneinheit". Na ja. In jeder Baracke hauste eine Kompanie, Kompaniechef war ein altgedienter, wegen gesundheitlicher oder disziplinarischer Defekte aus dem regulären Armeedienst geschiedener Major der NVA. Ihm stand als Politoffizier ein Reserveoffizier (TU-Angehöriger) zur Seite. Unteroffiziere und Hauptfeldwebel waren gediente Kommilitonen von uns. Die waren entweder Schweine und ließen uns spüren, was sie bei der realen „Asche" hatten durchmachen müssen, von den zwei verlorenen Jahren ganz zu schweigen, oder blieben wie Bernd „Bernoulli" aus unserer Seminargruppe human, um uns das von ihm erlebte Elend zu ersparen.

Die Grundausbildung war also wie bei der „richtigen" NVA mit Exerzieren auf dem staubigen Ex-Platz, Theorie, Schießen (jeder hatte eine alte Kalaschnikow mit hölzernem Schaft), Geländeausbildung und Gewaltmärschen. Es gab auch MKE (Sport hieß bei der NVA „militärische Körperertüchtigung") und Morgensport, aber nie Ausgang. Lediglich wir Brillenträger sind einmal gemeinsam per LKW nach Erfurt geschafft worden. Dort ließen wir uns bei einem Optiker Spezialbrillen anfertigen, die unter die Gasmaske passten, passen sollten. Ein zweiter „Ausflug" wurde mir gegönnt, als ich mit vielen schmerzhaften Blasen an den Füßen zum Wäschetransport nach Ronneburg eingeteilt wurde. Die Morgentoilette fand außer bei strömendem Regen an Reihenwaschanlagen im Freien mit eiskaltem Wasser statt; einmal in der Woche wurde in der ehemaligen Waschkaue gemeinsam geduscht. Da gab es sogar warmes Wasser.

Die Ausbildung im Gelände fand auf einer alten Abraumhalde statt. Auf dem etliche Kilometer langen Fußmarsch dorthin kamen wir an einem Industriebetrieb vorbei, der mutterseelenallein auf weiter Flur im Gelände stand. Es wurde gemunkelt und ist dann viel später auch bestätigt worden: das war der 1961 in Betrieb gegangene Uran-Aufbereitungsbetrieb 102 der Wismut.

Im Jahr darauf mussten die zweiten fünf Wochen Seelingstädt wieder im August absolviert werden. Im Wesentlichen war es so wie im Vorjahr, aber es gab auch Unterschiede. Der Wichtigste: ich hatte nun eine Freundin!

Nach Ende des Studienjahres war ich mit Falko, dessen Campingausrüstung und meinem „Spatz" in Berlin-Schmöckwitz zelten. Wir sahen auf der Leinwand an der Regatta-Strecke Grünau den ersten Film der „Olsenbande" und besuchten das Fischerfest in Karolinenhof. Dort lernte Falko seine künftige (nun schon Ex-)Frau kennen. Nach einigen Regentagen im Zelt reiste ich ab und wollte noch ein paar Tage in Dresden verbringen. Dort war nichts los aber zu erfahren, dass beim Abi-Ball in Zittau noch Karten zu haben seien und sich einige aus unserer alten Klasse dort im Volkshaus treffen wollten. Das habe ich mir nicht entgehen lassen. Dort kam ich dann auch Gundel näher, die ich vorher nur „vom Sehen" kannte, im Schulhaus und beim DRK. 1974 haben wir dann geheiratet. Zunächst gingen aber erst einmal viele Briefe von und nach Seelingstädt.

Die nächste Änderung betraf die Waffen: unsere Kalaschnikows hatten nun Kunststoff-Schäfte und in Vorbereitung eventueller Reserveoffizierslaufbahn wurde einmal auch mit einer 9 mm-Makarow-Pistole geschossen. Wir bezogen eine andere Baracke im Lager und bekamen einen anderen Kompaniechef. In diesen fünf Wochen gewöhnte ich mir das Rauchen an. Während dieser Dienstzeit ist ein Student exmatrikuliert worden. Er arbeitete in der Küche und hatte im Gegensatz zu uns Zugang zu Alkohol. Betrunken drehte er mit dem Lieferauto (einem S 4000-1) ein paar Runden auf dem Gelände und wurde dabei ertappt. Das entsprach so gar nicht den Idealen der Arbeiterklasse, die ihm das Studium finanziert hatte und die er später als Ingenieur hätte leiten und bilden sollen.

Am Ende des zweiten Durchgangs, ich hatte mir inzwischen bei einem 20stündigen Gepäckmarsch mit Übernachtung im Freien unter der Zeltplane in neuen Stiefeln insgesamt 20 Blasen an den Füßen geholt und deshalb ein paar Tage ausgespannt, fand die ordentliche und feierliche Vereidigung mit Fahneneid statt. Ursprünglich sollten wir alle nach erfolgreichem Absolvieren des Studiums zu Reserveoffizieren (im Rang eines Unterleutnants, den es nach Einführung der Offiziershochschulen sonst gar nicht mehr gab - deren Absolventen wurden gleich Leutnant) ernannt werden. Davon war nun gar keine Rede mehr. Einige wenige mit vorher vollständig absolviertem Grund- oder Zeitwehrdienst konnten freiwillig ihr „Offizierspatent" bei der feierlichen Exmatrikulation in Empfang nehmen. Ein paar von diesen habe ich dann später während meines Reservistendienstes in Leipzig kennen gelernt.

Nach meinem dreißigsten Geburtstag wuchs die Gefahr, zur Reserve eingezogen zu werden. Tatsächlich wurde ich zur Nachmusterung, wieder auf dem Töpferberg, bestellt. Als tauglich befunden hätte ich sofort zu den chemischen Diensten einrücken können. Weil aber Alexander gerade geboren war und ich Gundel nicht alleine lassen wollte, erbat ich Aufschub und hoffte etwas auf die Vergesslichkeit des Militärs. Vergeblich. Im Mai darauf musste ich für drei Monate zur Artillerie nach Leipzig einrücken.

Vom Wehrkreiskommando Lessingstraße fuhr uns ein alter Ikarus 66 nach Löbau und dort stiegen wir in einen Sonderzug, der aus ganz Ostsachsen die Reservisten und Wehrpflichtigen nach Leipzig schaffte. Vom Hauptbahnhof zur Kaserne Olbrichtstraße ging es per Bus. Zuerst wurde Kleidung ausgefasst und dann alle persönlichen Sachen im Koffer verstaut, etikettiert und nach Hause geschickt. Anschließend bezogen wir unsere „Stube" - 16 Mann!! Am anderen

Tag begann der Drill. Obwohl wir kaum zu tun hatten und die meiste Zeit mit Anstehen, Zählen, Sortieren und ähnlichem zu tun hatten, war nicht mal Zeit, eine Zigarette zu rauchen. Das konnte ja heiter werden. Es wurde dann doch nicht so arg: an manches gewöhnte man sich, manches lernte man, elegant zu umgehen. Nach den stressigen Wochen der Grundausbildung waren wir „nur" noch zehn Mann im Zimmer, exakt eine Geschütz-Besatzung. So viele Leute mussten eine einzige Kanone sowjetischer Nachkriegsbauart vom Typ M 46 bedienen. Bei uns beschränkte sich das auf das Auf- und Abprotzen und das Schleppen sauschwerer Munitionsattrappen. Ein paar Mal haben wir die Kanone an einen Tatra 613 gehangen und sind eine Platzrunde gefahren. Die meiste Zeit verbrachten wir mit Exerzieren, MKE, Sturmbahn, Schießen (diesmal hatte unsere Kalaschnikow anstelle des Kolbens einen klappbaren Stahlbügel) und Putzen.

Die Hälfte der Zeit war verschärft Wache schieben angesagt. Die andere Abteilung unseres Bataillons zog ins Feldlager und schoss dort „richtig" mit allerdings kleineren Kanonen. Unsere Abteilung war nun allein für die Bewachung des Objektes zuständig. Wir waren jeden zweiten Tag dran: 24 Stunden lang alle zwei Stunden Aufziehen, Ruhen, Schlafen. Da war es nicht mehr möglich, dass an jedem Abend einer der zehn einer Geschütz-Bedienung Ausgang bekommen konnte. Das war ohnehin langweilig, allein in Leipzig. Ich ging einige Male in ein Hotelrestaurant Astoria oder Ringhotel (was Gutes trinken) und ins Kino. Eine einzige Heimfahrt wurde uns gestattet, ich war Pfingsten dran. Übrigens musste man als Armeeangehörige auch außerhalb der Kaserne Uniform tragen. Sebastian war ganz stolz auf seinen Vater in Uniform. Alexander wunderte sich nur über den fremden Mann in der Wohnung. Beim Schießen hatte ich so gut getroffen, dass es für die Schützenschnur gereicht hätte. Die kriegten wir „Resis" aber nicht, sondern stattdessen eine zusätzliche Heimfahrt. Auf die habe ich dann wegen der vielen Wachen bis fast zum Schluss warten müssen.

Außer Wolfram „Wolle" Löwe, der sich anfangs ständig mit dem total fußballverweigernden Spieß (Hauptfeldwebel) anlegte und mit dem er sich später prächtig verstand, war in dieser Zeit auch Ekkehard Göbel, ein noch und dann bleibendes relativ unbedeutendes Schlagersternchen, als Reservist eingezogen. Im Gegensatz zu Wolle hat er aber keinen echten Dienst gemacht sondern nur die Offiziere unterhalten, die sich gern mit solcherlei Promis geschmückt hatten. Es liefen auch ein paar Reserveoffiziere herum, die von gar nichts Ahnung hatten und von niemandem Ernst genommen wurden. Das waren solche nur in Seelingstädt ausgebildete Reserveleutnants. Aber die brauchten nicht durch den Schlamm robben und sich über die Sturmbahn quälen. Allerdings hatten sie immer nach Dienstschluss Ausgang.

Ende Juli war auch diese Zeit vorüber, der man nicht sonderlich nachtrauern musste.

Diplomingenieur für TGA -
von Forst über Berlin und Zittau nach Eckartsberg

Im letzten Studienjahr stand die Wahl der ersten Arbeitsstelle an. Es gab damals in der DDR ein Absolventengesetz, das jedem Hochschulabsolventen einen Arbeitsplatz garantierte. Allerdings war daran die Verpflichtung gebunden, dort auch mindestens zwei Jahre ausharren zu müssen. Im Merkel-Bau hingen seitenlange Aushänge mit Stellenangeboten. Für mich kam nur ein Betrieb im Kombinat TGA als Arbeitgeber infrage. Die meisten Offerten kamen aus Schwerin und Gera, wo das Kombinat gerade die Industrieproduktion von Wärmeübertragungsstationen und Plattenheizkörpern einrichtete. Dorthin wollte ich aber nicht. Die nahsten Kombinatsbetriebe befanden sich Bautzen, aber der war mit Absolventen schon überversorgt, und Dresden, dort war nicht einmal Platz für meinen Schreibtisch. So gelangte ich nach Forst an der Neiße zusammen mit einem von dort stammenden Kommilitonen.

Man versprach mir eine Stelle als Technologe und wollte mir ein möbliertes Zimmer besorgen. Ich reiste mit meinem Köfferchen am Montag, den 2. Oktober an und erfuhr sogleich im Betrieb, dass ich Montageleiter werden müsse (der einheimische Absolvent wurde Technologe) und dass das Zimmer erst nach Feierabend aufgesucht werden könne, die Vermieter wären tagsüber ja auf Arbeit. Schöner Anfang.

Die Kollegen Bauleiter waren bis auf einen „nur" Fachingenieure, vergleichbar „FH", und Meister. Sie ließen mich schon bald spüren, dass ich trotz „richtigen" Diploms keine Ahnung hatte. Ich konnte weder schweißen noch ein Gewinde eindichten, wusste ja nicht einmal, was ein Vorschweißflansch ist. Als auf der Baustelle eine Streckmetall-Abdeckung benötigt wurde, freuten sie sich diebisch, dass ich die Rolle ungestreckt rausgeschickt hatte und dort keiner etwas damit anfangen konnte. Zunächst trabte ich als Assistent neben einem etwa gleichaltrigen Bauleiter, der in Erfurt studiert hatte, auf dessen Baustellen. Wir waren nicht ausgelastet und organisierten einiges an FDJ-Veranstaltungen zur Vorbereitung der Weltjugend-Festspiele 1973 in Berlin. Es ging uns aber nur um großzügig gesponserte Feiern mit ausreichend Getränken. Meine ersten eigenen Baustellen waren das Diesel-Betriebswerk der Reichsbahn Cottbus, Gas- und Wärmeversorgungsanlagen im Wohnungsbau Cottbus und erste Betriebsgebäude des künftigen Tagebaus Jänschwalde: Waschkaue, Feuerwache und ähnliches. Nebenbei absolvierte ich sonnabends einen

Lehrgang an der Volkshochschule zum Erwerb des für eine Leitungstätigkeit unumgänglichen Befähigungsnachweises im Gesundheits-, Arbeits- und Brandschutz. Mir machte das alles, also die Arbeit als Bauleiter, keinen Spaß - ich hätte eine längere und bessere Einarbeitung gebraucht und gewollt.

Dazu kam die Unterkunft: ein mit sehr alten Möbeln sparsam ausgestattetes Zimmer in einer Altbauwohnung in der Cyrankiewiczstraße. Wenn ich von Arbeit kam, musste ich erst mal den Kachelofen heizen. Dann ging ich einkaufen, in eine Kneipe oder sonst wohin. Zu hause war inzwischen das Zimmer warm und ich habe Gundel Briefe geschrieben oder bin ins Bett gefallen. Ich wollte weg da, aber wie sollte das vor Ablauf der zwei ominösen Jahre laut Absolventengesetz gehen?

Als ich wieder einmal mürrisch in mein hoffentlich endlich warmes Zimmer heimkehrte, saß ein korpulenter Herr im Sessel und fragte mich, ob ich nicht in Berlin arbeiten wolle und zwar als Projektierungsingenieur. Das war die Lösung – ich frohlockte! Im VEB Montagebau Berlin war die gesamte TGA-Projektierung wegen gleichzeitiger Aufstiege und Kündigungen vakant. Es wurde dringend Ersatz gebraucht. Mein unerwarteter, nun hoch willkommener Besucher war Kaderleiter (heute hieße das Personalvorstand) und suchte von den TGA-Absolventen der letzten Jahre die SED-Mitglieder auf, um sie zum Wechsel zu bewegen. Ich sagte fast zu, denn Gundel wollte ohnehin nie nach Forst und ich ja sowieso schnell weg. In Berlin konnte ich vielleicht am lukrativen Bau der vielen Botschaftsgebäude mitwirken, die nun im Zuge der großen internationalen Anerkennungswelle der DDR nötig waren ... Um alles Organisatorische wollte sich der Kaderleiter kümmern.

Die Betriebs- und Produktionsleitung staunte nicht schlecht über mein Vorhaben, die Firma so bald wie möglich verlassen zu wollen. Sich dem Ansinnen aus Berlin, der Hauptstadt der DDR, entgegen zu stellen, wagte natürlich niemand. Es wurde zwar mit allerlei Mitteln und Versprechungen versucht, mich zum Bleiben zu überreden, aber ich wollte nur noch schnell weg aus Forst. Der Betrieb hatte in dieser Zeit große Probleme. Auf die staatliche Vorgabe, dass jedes Kombinat Konsumgüter für die Bevölkerung herstellen musste, hatte das Kombinat TGA einen Stahlblech-Heizkessel für die Etagenheizung mit festen Brennstoffen entwickelt, denn die in Blankenburg hergestellten gusseisernen Gliederkessel konnten den Bedarf bei weitem nicht decken. Für die Herstellung wurde in Forst eine Produktionshalle gebaut. Der Forster Kessel enthielt unter seiner die Wärmedämmung schick verbergende Verkleidung aus weiß emailliertem Stahlblech auch Ausdehnungsgefäß und Umwälzpumpe für eine geschlossene Anlage. Im Handel gab es dazu (auf Bezugsberechtigungsschein) höchstens zehn Plattenheizkörper und einige Präzisions-Stahlrohre mit Spezial-Schneidverschraubungen. Damit sollte jeder heimwerkende DDR-Bürger seine Heizung selbst und ohne zu schweißen installieren können. Kaum einer konnte das.

Richtige Probleme aber gab es, als die importierten billigen Sicherheitsventile auf dem Ausdehnungsgefäß nicht funktionierten und mehrere Heizkessel explodiert waren. Die „weiterentwickelten" Kessel hatten dann ein offenes System mit Ausdehnungsgefäß einem Meter über dem Kessel. Die Besitzer der alten Kessel mit geschlossenem System wurden erfasst und von Installateuren aufgesucht, die das Sicherheitsventil sofort überprüften und dann alle zwei Monate „anlüfteten". Das zu organisieren und zu bearbeiten wurde ich abgestellt. Meine Baustellen übernahmen meine ehemaligen freundlichen Kollegen mit. Nachdem die teuren leisen importierten Grundfos-Pumpen durch in Oschersleben entwickelte und gebaute UP 20 ersetzt worden waren, kamen von unzufriedenen Kesselbesitzern viele Klagen über zu laute Umwälzpumpen ins Werk. Wegen dieser Probleme mit der Industrieproduktion war die ganze Forster Betriebsleitung inzwischen durch Kader von der Leipziger Kombinatsleitung ersetzt worden. Auch diese versuchten, mich zum Bleiben zu bewegen und versprachen interessantere Arbeitsaufgaben. Aber ich wollte unbedingt weg und sah nur die einzige sich mir jetzt bietende Gelegenheit, sofort und nicht erst in zwei Jahren abhauen zu können. Ich musste bis zur akuten Bewältigung der Probleme mit den „Forster Kesseln" bleiben und konnte deshalb erst Mitte Februar meinen Arbeitsvertrag lösen und nach Berlin eilen.

Der Beginn dort ähnelte dem in Forst: ich reiste am Montag an, ließ in der Kaderleitung einige Belehrungen und Unterweisungen über mich ergehen, deponierte dann meine Reisetasche dort, wurde meinen künftigen Kollegen vorgestellt und kriegte meinen Arbeitsplatz gezeigt. Außer mir fand sich von allen umworbenen Absolventen mit Parteibuch nur noch einer aus meiner Seminargruppe, der mit mir im neuen Kollektiv arbeiten wollte. Er wohnte übrigens schon mit seiner Familie in Berlin.

Nach Feierabend fuhr ich mit anderen Kollegen im Betriebsbus (Ikarus 55) von Hohenschönhausen nach Karlshorst. Dort befanden sich zwei als Arbeiter-Wohnheim genutzte Baracken. In einem Zimmer war neben einem Installateur noch ein Bett frei. Das

101

konnte ich beziehen. In diesem Loch wohnte ich dann etliche Monate bis in dem Wohnheim für höhere (studierte?) männliche Angestellte in der Frankfurter Allee 175 ein Bett im Zweibett-Zimmer einer winzigen alten Dreiraumwohnung frei geworden war. Die weiblichen Wohnheimnutzer wohnten nebenan in der Müllerstraße 6. Man beachte die Hausnummern. Beide Häuser fielen bald dem Neubau des Stasi-Hauptquartiers Normannenstraße zum Opfer.

Nachdem wir uns im Sommer 1973 verlobt hatten, konnte ich bei der betrieblichen Wohnungskommission einen Antrag auf eigenen Wohnraum stellen. Die Familie eines jungen Architekten im Betrieb erwartete ihr zweites Kind und konnte endlich in eine Neubauwohnung ziehen. Ich kriegte deren bisherige Einraumwohnung mit Küche und Abstellraum in der Veteranenstraße 27 im Seitenflügel, fünfte Etage. Die Gemeinschaftstoilette (drei Kabinette für zehn Wohnungen!) befand sich im Keller.

Mit dem Freund einer Kollegin habe ich zunächst die zwei Zimmer tapeziert und allein die Küche mit Leimfarbe gestrichen. Dispersionsanstriche gab es selbst in Berlin noch nicht. Vom Vormieter hatte ich den Küchenschrank und die Gardinenstangen (kostenintensiv) sowie einige Briketts übernommen. So nahm ich dann einen Urlaubstag, saß den ganzen Tag auf dem inzwischen käuflich erworbenen Abfalleimer und wartete auf die Möbel, die ich inzwischen mit Gundel im Möbelhaus am Alexanderplatz ausgesucht und gekauft hatte: eine Schrankwand MW Nord und eine Couchgarnitur. Später kamen noch ein Couchtisch (den schleppte ich zu Fuß vom Möbelhaus am Rosenthaler Platz nach hause), ein Esstisch mit Stühlen, ein Teppich, Kühlschrank, Küchentisch, schwarz-weiß-Fernseher und MDW-Beistellschränke sowie ein kohlebefeuerter Beistellofen dazu. Schließlich brachten wir noch zwei Liegen und weitere Schlafzimmer-Möbel im Abstellraum unter. Der hatte übrigens sogar ein Fenster, so groß wie ein A4-Blatt. Das Wohnzimmer wurde mit einem Kachelofen geheizt, der meist nicht richtig zog aber sehr gut qualmte.

Mein Betrieb war in Hohenschönhausen. Die unteren Etagen beherbergten die Verwaltung, darüber lagen etliche für uns unzugängliche Etagen und im obersten, dem zehnten Geschoss saßen wir von der Projektierung in Großraumbüros. Nach oben gelangte man mit einem normalen Aufzug oder einem „Personen-Umlaufaufzug". Die Benutzung eines solchen Paternosters kostete das erste Mal schon etwas Überwindung. Mit den erhofften Planungen von Botschaftsgebäuden wurde es natürlich nichts. Wir waren ein ganz normaler Baubetrieb ähnlich der bezirksgeleiteten Kombinate, allerdings mit eigenem Betonwerk, und wurden auch so entlohnt. Als erstes hatte ich alle haustechnischen Gewerke für eine vorher als Heim für gehörlose Kinder genutzte Villa nahe Berlin zu planen, die in eine Schule umfunktioniert werden sollte. Danach plante ich vorwiegend Wohngebäude mit zwei bis 40 Wohnungen oder Appartements, die aus Großplatten (ähnlich WBS 70) der betriebseigenen Produktion errichtet wurden. Anlagen wie für ein Bürogebäude in Neubrandenburg, eine Dampfheizung für ein Heizöllager oder eine Feuerlöschanlage für ein Notstromwerk waren da eine willkommene Abwechslung. Zuletzt plante ich zehn neue Bürogebäude in Berlin, die alle aus den WBS70-Platten errichtet wurden. Das war also wie langweiliger Typen-Wohnungsbau, nur die Bäder fehlten. Das Anspruchsvollste war noch die zentrale Kälte-Erzeugung mit Kaltwassersätzen für die Klimaanlagen in den Chefzimmern.

Für unseren Betriebsstandort wurde eine andere Nutzung beschlossen und wir zogen infolge weiterer „Strukturierungsmaßnahmen" als VEB Spezialhochbau in einen Neubau an der Wartenberger Straße um. Dahin hatte ich täglich zweimal eine dreiviertel Stunde mit der Straßenbahn zu fahren, brauchte aber nicht umzusteigen.

Wie schon erwähnt war ich nicht nur Partei- sondern seit der 8. Klasse auch FDJ-Mitglied. Mittlerweile kam ich mir etwas alt für letzteres vor und wollte nicht unbedingt auch noch Funktionär sein. So machte ich einen Tausch: ich beendete die FDJ-Mitgliedschaft und trat dafür in die Kammer der Technik ein. Das war ähnlich dem VDI ein Verband der Ingenieure mit nur beratenden Funktionen und sehr moderatem Mitgliedsbeitrag, der eine Monatszeitschrift einschloss. Nach der Wende wurde die Gesellschaft aufgelöst. Einige Jahre war ich dann Mitglied im teuren VDI, bis ich mir dies als Arbeitsloser nicht mehr leisten konnte. Vor allem aber enttäuschte mich dessen Haltung zu Bologna einschließlich der unnötigen Zustimmung zur Abschaffung der Ingenieur-Titel, um Bachelor und Master zu hofieren.

Außerdem ließ ich mich im Betrieb als Mitglied der Konfliktkommission wählen. Ein wenig juristische Qualifizierung und Erfahrung im Rahmen dieser betrieblichen Friedensrichter-Truppe könne nicht schaden, dachte ich.

Dank meiner Wohnung konnte Gundel nach dem Studium in Berlin (Pankow) zu arbeiten beginnen. Wir sind jedes zweite Wochenende nach Zittau gefahren. In Berlin haben wir die Möglichkeiten zu Bildung, Erholung und Unterhaltung genutzt: alle Theater und Opernhäuser, Friedrichstadt-Palast, Kinos, Museen und vor allem die grüne Umgebung (Grünau, Müggelsee, Grünheide, Schmöckwitz und dergleichen). Dennoch stellte die Hauptstadt der DDR nicht das Ideal für unseren Lebensmittelpunkt dar. Die Wohnverhältnisse, als kinderloses Ehepaar stand uns nicht mal ein Antrag auf eine größere Wohnung zu, meine tristen Arbeitsaufgaben und Gundels Abneigung gegen Berlin, verbunden mit großer Sehnsucht nach Eltern und Heimat, ließ uns schließlich verstärkt Umzugspläne nach Zittau schmieden.

Nach mehreren Anläufen gelang es uns schließlich, für mich eine Einstellungszusage beim Zittauer Betriebsteil des VEB Ausbau Pirna und für Gundel im Kreiskrankenhaus/Kreispoliklinik Zittau jeweils mit Zusicherung der Unterstützung bei der Wohnungssuche zu erreichen.

Die Wohnung, die uns für unseren Start als Neuzittauer dann zugewiesen worden war, entsprach überhaupt nicht unseren Vorstellungen. In der zweiten Etage in der Schillerstraße 22 bekamen wir vier Räume (davon einer mittels einer leichten Trennwand geteilt) einer geräumigen Beamtenwohnung, die noch von einem Rentnerehepaar bewohnt wurde und die sich die alleinige Benutzung von Küche und Bad ausbedungen hatten. Flur und Toilette wurden gemeinsam genutzt.

Mein Arbeitsverhältnis konnte ich nach Abschluss eines Projektes Mitte Januar 1977 beenden. Ich ging unverzüglich nach Zittau, wohnte zunächst bei meinen Eltern in Olbersdorf und renovierte unsere künftige Wohnung. Das waren neben Maler- und Tapezierarbeiten, bei denen ich dem einarmigen Malermeister Wilczeck half (Görlachs Stammmaler), vor allem neue Elektroleitungen (im Wohnzimmer waren laufende Meter Kabel unter Putz zu verlegen). Das war erforderlich, um die Netze zu trennen und saubere Abrechnung des Verbrauchs zu ermöglichen. Montiert und geklemmt hat es der „elektrische" Sohn von Mitbewohnern aus dem Erdgeschoss, für die Abnahme zeichnete der Meister von der Elt-Abteilung der PGH Werbung und Ladenbau. Wegen unseres Elektroherdes und der Waschmaschine waren dicke Kabel (5 x 4 mm² Alu) in die künftige Küche zu verlegen und ein Drehstromzähler vorzusehen.

Am 1. Februar begann ich als Abteilungsleiter Heizung, eigentlich hätte es Heizungsanlagen- und Rohrleitungsbau heißen müssen, im Betriebsteil Zittau des Betriebs Ausbau Pirna. Dieser war Bestandteil des bezirksgeleiteten VE (B) IHK (Ingenieurhochbau-kombinat) Pirna. Solche Kombinate bauten unter Leitung der Räte der Bezirke (heute Landesregierungen) was nichts mit dem Wohnungsbau (einschließlich Schulen, Kindereinrichtungen und Kaufhallen - dafür gab es die Wohnungsbaukombinate) zu tun hatte, also Industrie, Gewerbe, Verwaltung und Verteidigung. Ursprünglich sollte ich die Abteilung Arbeitsvorbereitung (Technologie) leiten, aber deren Chef wollte dann doch nicht wie vorgesehen als Bauleiter nach Berlin gehen sondern in Zittau bleiben. Der alte Abteilungsleiter Heizung blieb im Betrieb als stellvertretender Betriebsteilleiter und wurde Leiter Technik und Produktion. Der Arbeitsvorbereiter blieb bis eine Erfurt-Absolventin die AV übernahm. Dann ging er als Ökonomischer Direktor ins Krankenhaus Zittau und von dort alsbald „in den Westen".

Als dann Mitte Februar der Möbelwagen aus Berlin kam, musste alles sofort in der Wohnung ausgepackt und aufgestellt werden, denn das (wenige) Verpackungsmaterial nahmen die Berliner gleich wieder mit. Für die Montage der Möbel, zwei Wohnzimmer-Schrankwände und die demontierten Schlafzimmerschränke, waren sie nicht zuständig. Immerhin schafften sie das alte Küchenbuffett auf den Boden und holten Gundels Klavier von der (damaligen) Friedrich-Engels-Allee. Als die Preußen dann (auf der Allee) frisch gestärkt wieder Richtung Berlin aufgebrochen waren, befanden wir uns mitten im Chaos. Ich montierte und richtete die Schrankwände, damit diese eingeräumt werden konnten. Dennoch waren für Wochen zwei Zimmer voller Zeug auf dem Fußboden: die künftige Küche und das „Balkonzimmer". In der als künftiges Kinderzimmer vorgesehenen Hälfte des geteilten Raumes, in der dahinter liegenden war unser Schlafzimmer, richteten wir uns mit einem Elektrokocher eine provisorische Küche ein.

Die Doppeltür zum Wohnzimmer der anderen Mietpartei hatte ich mit Steinwolle (von den TGA-Isolierern) ausgestopft, mit Möbelspanplatten aus Muttis Betrieb verkleidet und dann tapeziert. Mittels gleicher, passend geschnittener Spanplatten machte ich aus der zweiten Eingangstür zwischen Treppenhaus und Balkonzimmer einen „Bücherschrank". In Ermangelung richtiger Hohlziegeln mauerte mein Vater aus gebrannten Deckensteinen eine Trennwand und teilte so ein kleines Badezimmer von der immer noch großen künftigen Küche ab. Ein großer Turm-Kachelofen sorgte in beiden Zimmern für wohlige Wärme. Wasser und Abwasser wurde an die Leitungen im vorhandenen Bad angeschlossen. Das war problemlos möglich, denn für Wasser und Abwasser bezahlte jede Mietpartei pauschal 1 Mark im Monat. Die Installation machte ein Kollege von der Sanitärabteilung meines Betriebes nach Feierabend mit kostenlosem „Restmaterial". Lediglich

Wanne, Waschbecken und Armaturen konnte ich zum Selbstkostenpreis im Betrieb erwerben. Größtes Problem war die Beschaffung einer gusseisernen Badewanne. Die gab es nicht frei verkäuflich. Zum Glück baute in dieser Zeit mein Betrieb in Schönau-Berzdorf in vier Erdgeschoss-Wohnungen eines Neubaus einen Kindergarten ein. Den Bedarf von 40 Badewannen auf nun 36 hatte keiner reduziert; so konnten die TGA-Chefs über diese vier Wannen verfügen, nicht nur mir helfen sondern auch weitere „Beziehungen" pflegen. Das Warmwasser kam in der Küche aus einem 10l-Elektrospeicher und im Bad aus einem mit 80 l Speichervolumen. Küche und Bad mussten nun auch bald fertig werden, denn Sebastian war auf dem Weg. Von einem guten TGA-Kunden, dem VEB VEGRO Vereinigte Grobgarnwerke Kirschau kriegte ich als „Tester" kostenlos kräftig grünen Teppichboden. Wir kauften noch ein Kinderbett und drapierten alles mit vorhandenen Einzelmöbeln – fertig war das Kinderzimmer.

Im Betrieb ging es oft recht turbulent zu. Zum einen hatte ich mit meinen Leuten, zwei Meister, zwei Kolleginnen für Abrechnung/Buchhaltung und etwa 62 Monteure (Schweißer und Installateure), viele interessante Baustellen, zum anderen gab es regelmäßig Ärger wegen Nichterfüllung der Planzahlen bei den Kosten und Gewinnen. Lediglich die Fertigstellungstermine hielten wir immer ein, wenn die Zulieferer mitspielten. Nach einem Jahr wurden wir vom Kombinat IHK dem VEB (B) Wohnungsbaukombinat Dresden zugeordnet und dem Kombinatsbetrieb Wohnungsbau Görlitz unterstellt. Unser Schwerpunkt war die Sicherung der termingerechten Fertigstellung von Wohngebäuden in Görlitz und Zittau. Außerdem hatte ich immer Aufträge für Armeestandorte in Zittau, Löbau und Rothenburg sowie Arbeiten in der „Hauptstadt der DDR" (Klinikum Berlin-Buch und auch Wohnungsbau). Auch im Kernforschungszentrum Rossendorf hatten wir zu tun und beim Neubau von Mensa und Studentenwohnheimen in Zittau. Eine meiner ersten Baustellen war ein Neubau der Brüderunität Herrnhut. Zudem war ich mit der Fortsetzung einer lukrativen Tradition konfrontiert, immer etwas Material- und Montagekapazität für regionale Unternehmen bereit zu halten. Waren dafür Planungsleistungen erforderlich und diese aber nicht im „Volkswirtschaftsplan" enthalten, habe ich die Anlagen nach Feierabend selbst berechnet und geplant. Dafür hatte ich auf Antrag eine Zulassungsnummer vom Kreisbauamt bekommen und durfte daraufhin höchstens 6,50 Mark/Stunde in Rechnung stellen. Ich habe nicht nur die Heizungsanlagen von Wohn-

und Bürohäusern berechnet, auch die von Gaststätten und Ferienheimen.

Nachdem wir mit unserem Haus, auch mit beträchtlicher direkter und indirekter Hilfe meines Betriebes, kurz vor der Fertigstellung waren, verstärkte ich meine Bemühungen, eine neue Arbeitsstelle zu finden. Mir gefiel es bei TGA immer weniger. Obwohl ich mehrmals vergeblich versucht hatte, ohne großen Schaden aus der Partei auszutreten oder zumindest die Funktion als ehrenamtlicher Parteisekretär loszuwerden, stand zu befürchten, dass ich diese ehrenamtliche Funktion nie loswerden könnte – allenfalls wenn ich früher oder später die Leitung des Betriebsteils übernehmen müsste. Ich war der einzige Diplomingenieur und das einzige Parteimitglied (neben dem langgedienten bisherigen Direktor) in der Betriebsleitung. Kurz nachdem wir nach Zittau gekommen waren, hatte ich schon zwei Angebote: technischer Leiter des Krankenhauses Zittau und wissenschaftlicher Mitarbeiter an der Hochschule bei Prof. Riesner (Betriebswirtschaft Energietechnik). Ich sagte beiden ab aus Loyalität zu meinem neuen Arbeitgeber. Auf meine Anfrage bei der SED-Kreisleitung, ob nicht irgendwo in Zittau eine leitende Stelle für mich frei wäre, nannte man mir lediglich die vakante Leitung der Abteilung Ausbau beim VEB (K) Bau Zittau. Das wäre wahrscheinlich einem Sprung vom Regen in die Traufe gleichgekommen. Ich ergriff die Flucht nach vorn und bewarb mich dummerweise an der Ingenieurhochschule Zittau, sprang also in eine andere Traufe. Denn inzwischen gab es in der Wissenschaft keine Arbeit mehr für mich, nur in der Verwaltung. Man bot mir die Stelle als Abteilungsleiter Betriebstechnik an. Ich sagte zu in der vagen Hoffnung, als Hochschulangehöriger doch noch irgendwann in die Wissenschaft wechseln und promovieren zu können. Damals wusste ich noch nicht, dass dieser Weg eine Einbahnstraße ist, die dazu noch in die andere Richtung führt: unliebsame oder unfähige Wissenschaftler können „in die Verwaltung" abgeschoben werden, nicht anders herum. Ich war nun für das Funktionieren jeglicher Betriebstechnik (Wärme, Strom, Telefon und dergleichen) in den Hochschulgebäuden und den später dem Studentenwerk zugeordneten Mensa und Wohnheimen zuständig. Dafür standen mir etliche Betriebshandwerker zur Verfügung, später auch sieben „schwierige" Heizer. Dieses faule Ei hatte ich mir selbst gelegt, indem ich den Verwaltungsdirektor (heute Kanzler genannt) darauf hinwies, dass es unlogisch sei, wenn der für die Kontrolle des Energieverbrauchs zuständige Energetiker disziplinarischer Vorgesetzte der Kohle verbrauchenden Heizer ist. Auch für den Betrieb und die letztendliche Demontage des Industrielabors im Kraftwerk Hirschfelde hatte ich Verantwortung. Die größten Herausforderungen waren die Aufstellung des monatlichen Bereitschaftsplanes unter Berücksichtigung aller privaten Belange meiner Mitarbeiter und die Rekonstruktion der dampfbeheizten Küchentechnik in der Mensa mit Edelstahlrohren (absolute Mangelware in der DDR) für die Kondensatleitungen.

Nachdem wir mit Unterstützung der Hochschule und „Beziehungen" zum Personal des Zittauer Post- und Fernmeldeamtes zu Hause einen Telefonanschluss bekamen, konnte auch ich am Bereitschaftsdienst teilnehmen. Die ständige Erreichbarkeit am Wochenende und nach Feierabend war zwar lästig, die freien Tage dafür aber sehr willkommen. Bald kriegte ich wieder Probleme an der Hochschule, weil ich mich standhaft weigerte, eine Parteifunktion zu übernehmen - man „machte" mich stattdessen zum Gewerkschaftsfunktionär. Ich wurde natürlich einstimmig zum AGLer (Leiter der Abteilungsgewerkschaftsorganisation) der Verwaltung gewählt. Nach zwei, drei vergeblichen Versuchen, aus der SED austreten zu wollen – der Parteisekretär sagte nur kategorisch „Deinen Austritt nehme ich nicht an" - überging man mich daraufhin konsequent bei diversen Gehaltserhöhungen, Auszeichnungen und dergleichen. Erst mit der Wende war es dann gefahrlos möglich, die Partei zu verlassen. Der Gewerkschaft (FDGB) kündigte ich auch die Mitgliedschaft.

Aus mir wird uns

Wie vorn an anderer Stelle erwähnt, war ich Zugführer im Jugendrotkeuz. Mein Zug bestand nahezu ausschließlich aus den weiblichen Kameraden der Klasse 9b[3] an der EOS. Die meisten von ihnen waren ganz hübsch. Eine war mir besonders aufgefallen. Für ein „festes Mädel", heute würde man „Beziehung" dazu sagen, waren wir zwar (fast) alle zu jung oder unreif – aber gucken konnte man schon. Ich erfuhr zwar beiläufig, dass Gundula Görlach die Klassenbeste war und vor allem in Mathematik glänzte, nicht aber, ob sie an mir Interesse haben könnte. Das bekam ich erst bei unserer nächsten Begegnung mit. In den Sommerferien 1970 war ich mit Falko zelten in Schmöckwitz. Er lernte dort auf einem Sommerfest in Karolinenhof seine spätere Frau kennen und verbrachte mehr Zeit mit ihr. Weil das Wetter nicht besonders sommerlich war, beschloss ich, meinen Urlaub hier abzubrechen und Falko das Abbauen des Zeltes zu überlassen. Ich fuhr zunächst ins Wohnheim nach Dresden. Dort hörte ich von Kommilitonen, dass am Wochenende der Abi-Ball im Volkshaus Zittau stattfinden würde und wir „Ehemaligen" noch Eintrittskarten bekommen könnten. Da musste ich natürlich hin. Aus unserem Jahrgang waren wir dann etliche, die einen großen Tisch bevölkerten, Tabak und Alkohol genossen und das Wiedersehen mit unsren Lehrern sowie der einen oder anderen Abiturientin feierten.

Nach dem üblicherweise amüsanten Programm der Abiturienten schien mir die Gelegenheit günstig, diese Gundula aus meinem ehemaligen Sanizug zum Tanzen aufzufordern. Gedacht, getan. Wir haben uns, ich hatte es kaum zu hoffen gewagt, gleich gut verstanden, das erste Mal wunderbar miteinander getanzt und uns prächtig unterhalten. Nach einigen weiteren Runden, es wurde noch nach Livemusik einer Kapelle getanzt, die öfter mal Pause machte, fragte ich sie dann, ob ich sie nach hause bringen dürfe. Das konnte sie natürlich nicht entscheiden, da müsse ich ihre auch anwesenden Eltern fragen. Im Hochgefühl meiner Freude, es war ja kein Nein, und mit einigen Tropfen Alkohol im Blut habe ich das auch gemacht. Gundel stellte mich ihnen vor, ich stammelte meine Bitte um Erlaubnis des Nachhausebringens und ihr Vati stimmte zu. Da hatte ich einen ganz schönen Fußmarsch vor mir: vom Volkshaus (Äußere Weberstraße) über die Weinauallee (damals Friedrich-Engels-Allee) nach Olbersdorf.

So begannen wir unsere „Wochenendbeziehung", zunächst aber mit gänzlicher Abstinenz – ich musste Ende Juli für fünf Wochen zum zweiten Teil unserer „verkürzten militärischen Grundausbildung" nach Seelingstädt. Da gab es weder Ausgang noch Urlaub. Aber wir schrieben uns viele Briefe. Später trafen wir uns oft bis wöchentlich zum Tanz - meist im „Volkshaus", seltener auch in der Tanzbar im „Dreiländereck". Gundel begann in Berlin ihr Studium der Zahnmedizin, ich setzte in Dresden mein TGA-Studium fort. So konnten wir uns nur an den Wochenenden treffen, meist in Zittau, sehr selten mal in Dresden oder Berlin. Denn es stand das Problem der Übernachtung. In den Studentenwohnheimen war es „Fremden" nicht gestattet zu übernachten; es fanden gelegentlich nächtliche Kontrollen statt und drastische Strafen bis zum Verlust des (preiswerten) Wohnheimplatzes drohten. Vorlesungsfreie Zeiten gab es nach der 3. Hochschulreform mit den kurzen Studienzeiten kaum. Wir hatten lediglich vier Wochen im Sommer frei. Nach dem dritten Studienjahr war ich in diesen vier Wochen als Austauschstudent in Ungarn. Also wieder kein gemeinsamer Urlaub mit Gundel möglich. Nach meinem Studium war ich bis Ende August mit dem Anfertigen der Diplomarbeit beschäftigt und hatte mir erst danach im September frei genommen, ehe ich in Forst als Absolvent zu arbeiten begann. Die freien Wochen nutzte ich, die Olympischen Sommerspiele in München per Radio und Fernsehen zu verfolgen. Gundel setzte ihr Studium nun in Dresden fort. Es blieben uns also weiter nur gemeinsame Wochenenden. Auch, nachdem ich von Forst nach Berlin gegangen war.

Schließlich kam ich darauf, dass es nicht nur möglich, sondern richtig gut wäre, gingen wir nicht nur miteinander, sondern blieben es auch, zumal mir Gundel eines Tages berichtete, dass sie beim Schuhekauf darauf geachtet hätte, nicht zu hohe Absätze zu wählen, „da ich ja nicht so groß wäre". Sie wollte also mindestens länger mit mir zusammenbleiben, als die Schuhe vermutlich hielten. Das machte mich unheimlich froh. Nach einem vergeblichen Anlauf fragte ich sie im Cafe Moskwa in Berlin, als wir eines Sonnabends wieder einmal zusammen tanzen waren, ob sie meine Frau werden wolle (ich glaube, ich habe weniger prosaisch schlicht vom Heiraten gesprochen). Und, welch Glück, sie sagte ja! Wir guckten uns einen Termin für die Verlobung aus und informierten unsere Eltern.

Zuerst mussten wir die Trauringe organisieren. Gold war knapp in der DDR. Es galt, erst mal alles Altgold, was aufzutreiben war zu sammeln. An altem Schmuck- und Zahngold kam zwar einiges zusammen, dem Goldschmied Baldauf in Zittau (damals noch Straße der DSF) war das zu wenig, was wir ihm glauben mussten. Er ließ sich dann die Differenzmenge zu unseren schlichten 585er Ringen gut bezahlen und lieferte die Ringe pünktlich kurz vor der geplanten Verlobungsfeier ab. Die fand dann am 11. August 1973 nach einem offiziellen Kaffeetrinken bei Gundels Eltern mit meinen und dem Opa aus Großschönau in der Gaststätte Zum Burgteich am Rande eines Tanzabends statt. Da war mein Bruder Helmut mit Christa auch eingeladen.

Anschließend hatten wir unseren ersten gemeinsamen Urlaub: eine ganze Woche bei Gundels Opa in Großschönau. Gundel schlief auf dem Sofa im Wohnzimmer, ich im kleinen Zimmer und dazwischen Opa in seinem Schlafzimmer. Manchmal konnten wir sogar die eine oder andere Stunde allein verbringen. Selbst im Waldstrandbad war Opa dabei ... Er nahm den Auftrag seiner Tochter und Gundels Mutti, sehr ernst und ließ uns die ganze Zeit nicht aus den Augen.

Nach der Verlobung begannen wir unverzüglich mit den Hochzeitsvorbereitungen. Dabei spielte eine, wenn auch untergeordnete Rolle, dass die Sparkasse einen zinslosen Kredit in Höhe von 5.000 Mark ausreichte, wenn die Brautleute noch nicht 25 Jahre alt waren, sondern eher, dass wir als Verheiratete mehr und bessere Chancen bei der Wohnungssuche und vor allem auch bei der Absolventenvermittlung von Gundel hatten. Wir bestellten den Ort der Feierlichkeit, das Restaurant im Hotel am Bahnhof Oybin, und sicherten uns den Termin der Trauung im Standesamt Zittau. Das Ereignis sollte an einem Sonnabend den 3. August 1974 stattfinden. Dann informierten wir unsere Eltern. Die waren natürlich nicht sehr begeistert von solcherart Überraschung (mein Vater hatte am 5. August Geburtstag). Sie unterstützten uns aber doch sehr bei den Vorbereitungen - wir waren ja fernab vom Geschehen und etwas naiv wie auch gänzlich unerfahren in dieser Hinsicht.

Ich sorgte vor allem dafür, dass die Ringe rechtzeitig graviert wurden, irgendwo in Köpenick, und kaufte mir Anzug, Hemd und „Fliege". Gundel hatte es schwerer mit Auswahl und Anfertigen lassen des Brautkleides. Um ziemlich alles andere „kümmerten sich" unsere Eltern – die weiße Kutsche, Termin beim Fotografen, die Kapelle, der Bus für die Gäste vom Zittauer Standesamt zum Restaurant in Oybin und dergleichen mehr. Sehr gut und hilfreich war, dass mein Vater auf einem „Huxtbitter" bestand, er kannte einen renommierten Olbersdorfer, der auch noch unseren Termin frei hatte. Dieser Hochzeitsbitter kümmerte sich um den ganzen Ablauf von Zeremonie und Feier und sorgte zudem später für gute Laune als Alleinunterhalter. Er legte allerdings auch fest, dass während der Feier trotz herrschender sommerlicher 30 ° C nur er selbst und der Bräutigam das Jackett nicht ablegen durften.

Kleinere Pannen absolvierten wir souverän: das Restaurant hatte plötzlich eine andere Hochzeit im Plan (wir konnten aber nachweisen, dass wir eher bestellt hatten) und der Kutscher, der uns erst unbedingt auch nach Oybin kutschieren wollte, sagte das plötzlich (wegen der Hitze?) ab. Er fuhr uns nach der Trauung nur noch zum Fotostudio am Klosterplatz. Mathias organisierte während der Aufnahmen ein Taxi (blauer Wartburg 311, sogar mit Kränzchen an den Fenstern), das uns nach Oybin brachte.

Einer meiner Berliner Kollegen hatte Bekannte in Polen, die gelegentlich das Kinderzimmer ihrer erwachsenen auswärts wohnenden Tochter vermieteten. Er organisierte, dass wir dort auf unserer Hochzeitsreise unterkommen konnten. Die Wohnung befand sich in einem Neubaublock (was wir damals noch nicht wussten) im Ortsteil Oliwa von Danzig. Es gab keine direkte Zugverbindung von Berlin nach Gdansk, nur nach Gdynia. Wir wussten nichts von der guten S-Bahnverbindung zwischen den beiden Städten (mit Sopot dazwischen). Also sind wir ewig lange mit dem Zug über Poznan (Umsteigen) und Bydgoszcz nach Gdansk gefahren. Vom Hauptbahnhof brachte uns ein Taxi nach Oliwa. Die Rückreise absolvierten wir cleverer: mit der S-Bahn nach Gdynia und von dort direkt und schnell über Schwedt nach Berlin.

Als wir in Oliwa ankamen, wurden wir von der ganzen Familie herzlich und auf deutsch willkommen geheißen. Nach ein paar Tagen fuhr die Familie auf Urlaub nach Karpacz, mit dem Dienstauto auf Betriebskosten, da die polnische Staatsbahn keine Platzkarten mehr hatte. So waren wir etliche Tage alleinige Bewohner und deponierten zum Schluss den Schlüssel unter dem Fußabtreter... Wir waren bei schönem Wetter am Strand, mit der Fähre auf der Halbinsel Hel, in Sopot und bummelten durch die historische Altstadt von Gdansk. Natürlich verging die gemeinsam verbrachte Zeit viel zu schnell und wir mussten zurück nach Berlin – ich zur Arbeit und Gundel zum Studium nach Dresden.

Unsere Wochenendehe sah meist so aus, dass wir jedes zweite Wochenende in Zittau verbrachten und Gundel am anderen zu mir nach Berlin kam. Damit ich freitags schon mit dem Nachmittagzug von Schöneweide direkt nach Zittau fahren konnte, musste ich den Freitagnachmittag „rausarbeiten". Das machte ich dienstags oder donnerstags nach Dienstschluss ohne, dass dies kontrolliert wurde. Ich arbeitete dann allerdings kaum, sondern telefonierte lange mit Gundel.

112

Sie stand die ganze Zeit auf dem Flur im Studentenwohnheim und blockierte das Telefon. Dass mein Betrieb nichts gemerkt hat von den vielen Ferngesprächen oder zumindest nichts dazu gesagt hat, ist mir bis heute ein Rätsel. Gelegentlich war ich auch mal für ein Wochenende in Dresden, zum Med.-Ak.-Fasching beispielsweise.

Für den Urlaub 1975 wollten wir ans Schwarze Meer. Das ging nur über das einzige Reisebüro der DDR. Ich stellte mich im Haus des Reisens am Alexanderplatz an und erfuhr nach Stunden ewiger Warterei, dass nur noch teure Plätze im rumänischen Constantia zu haben seien. Das konnten und wollten wir uns dann doch nicht leisten, schließlich kamen ja noch viele andere Ausgaben auf uns zu. Gundel erstand im wahrsten Sinne des Wortes daraufhin im Dresdner Reisebüro Thälmannstraße eine Bulgarien-Reise nach Varna (Goldstrand) in eine Campinghütte. Die entpuppte sich tatsächlich als eins von etlichen zeltartigen Gebilden mit Wänden aus Karton, darin je zwei Betten und ein Spind. Alle Hüttenbewohner nutzten eine gemeinsame Sanitäranlage mit WCs, Duschen und Waschraum. Das alles für minimal weniger Geld als die Zimmer im benachbarten Hotel gekostet hätten. Ich habe unsere diesbezüglichen Erlebnisse ausführlicher in der Geschichte „Nebel über Berlin" geschildert.

Nach erfolgreichem Abschluss des Studiums zog Gundel 1975 zu mir nach Berlin und begann ihre Fachzahnarztausbildung in Berlin-Pankow, zunächst in einer Praxis in der Florastraße – dort zog sie mir zum ersten Mal einen Zahn und gliederte mir danach eine Brücke ein – und dann in einer größeren Einrichtung in der Kissingenstraße unter der Leitung des Stadtbezirkszahnarztes. Obwohl sie sich erst gegen diesen Wechsel gesträubt hatte, war es für ihre beruflichen Erfahrungen sehr gut und richtig. Dennoch fühlte sie sich in Berlin nicht wohl und wir betrieben die Rückkehr in die Zittauer Heimat. Den Sommerurlaub verbrachten wir im September in einem Bau-Wohnwagen meines Betriebes, der auf dem Zeltplatz in Groß-Stresow auf Rügen stand. Darin waren zwei winzige Vierbett-Zimmer, dazwischen die gemeinsame Küche und davor eine Veranda mit den beiden Esstischen. Das andere Zimmerchen bewohnte ein Maurer mit Frau und zwei kleinen Kindern. Der Zeltplatz war fast leer, das Wetter durchwachsen. Da sind wir viel mit unserem neu erworbenen alten Trabant 600 über die Insel gefahren.

Anfang 1977 konnten wir schließlich unseren Umzug nach Zittau realisieren: wir hatten eine einigermaßen akzeptable Wohnung zugewiesen bekommen, ich fand Arbeit und Gundel die Möglichkeit, ihre Fachzahnarztausbildung zunächst an der Staatlichen

Zahnarztpraxis in Niederoderwitz fortzusetzen. Die Wohnung in der Schillerstraße mussten wir mit einem betagten Ehepaar teilen. Unsere Räume hatten wir so konzipiert und umgebaut, dass neben zwei Wohnzimmern auch ein Kinderzimmer sowie Badezimmer und Küche vorhanden waren. Als wir im Sommer unseren FDGB-Ferienplatz in Trockenborn (ein Schlafzimmer mit Waschbecken, Trockenklo hinter dem Laubengang) antraten, waren wir schon zu dritt unterwegs. Im November kam dann Sebastian auf die Welt. Den sorgfältig errechneten Geburtstermin verpasste er ebenso wie den idealen 22.11.77 und zum Glück auch Gundels Geburtstag – er kam erst am 25. Bei allem Glück über den neuen Erdenbürger, nun änderte sich alles für uns. Der Tagesablauf wurde natürlich den Bedürfnissen des kleinen Scheißers angepasst. Das Kinderzimmer war fertig eingerichtet und der Kinderwagen, dunkelgelb mit Fenstern am Kopfteil, bei Volprecht (Breitestraße) gekauft.

In diesem Jahr erwarben die Schwiegereltern ein Wochenendgrundstück, Häusl genannt, mit bewohnbarem Bungalow in Eichgraben. Dort konnten wir viel Zeit miteinander verbringen und gut und gern auf Urlaubsreisen verzichten. Wir beteiligten uns an der Gartenarbeit (ich machte beispielsweise restliche „Dreckecken" urbar, fällte Bäume, räumte Drainagegräben, begann mit den Fundamenten von „Waschhaus" und Garage), Gundel half beim Kochen und die Kinder eroberten gefahrlos die grüne Welt.

Unser Leben lief also in relativ geordneten Bahnen und wir konnten für die Zukunft planen. Gundel hatte 1980 nach Absolvierung aller vorgeschriebenen Praktika und Hospitationen in diversen zahn- und allgemeinmedizinischen Abteilungen des staatlichen Gesundheitswesens sowie der Vorstellung eines aufwendig und vorbildlich sanierten Patienten die staatliche Anerkennung als Fachzahnarzt für Allgemeine Stomatologie erhalten. Nun begann sie ihre Dissertation über die „Belastung des oralen Milieus durch abnehmbare gingival oder periodontal-druckableitend gelagerte Plast-Teilprothesen", die sie dann 1988 an der Medizinischen Akademie in Dresden erfolgreich verteidigte.

Neben dem beruflichen gab es natürlich auch ein privates Leben mit Plänen, Wünschen und Erwartungen. Wir planten und wünschten dann vor allem, ein zweites Kind zu bekommen. Im September 1980 war es dann endlich so weit: Alexander erblickte pünktlich das Licht der Welt. Das war an einem Montag. Den sonnigen Sonntag davor haben wir noch alle zusammen im Häusl verbracht. In der Nacht begannen die Wehen und ich brachte Gundel über die

Straße in die Frauenklinik und musste sie dort lassen. Damals war es nicht gestattet, dass jemand außer dem medizinischen Personal bei der Geburt anwesend war; es war sogar nur ein einziger Besuch eines Angehörigen, vorzugsweise des Kindsvaters, in der Klinik erlaubt. Ich hatte am nächsten Tag einen wichtigen Termin: wir übergaben ein Heizwerk für die Wärmeversorgung von Görlitz-Königshufen. Da konnte ich als verantwortlicher Abteilungsleiter nicht fehlen. Ich habe dann nach der Übergabe unverzüglich angerufen, nachdem wir wieder im Betrieb waren. Man dürfte mir allerdings nur mitteilen, dass die Geburt gut verlaufen sei – das Geschlecht des Neugeborenen könne mir die Mutter dann nur selbst mitteilen, momentan schliefe sie.

Gundel hat alles gut überstanden und sich bald erholt. Nun änderte sich unser Tagesrhythmus wieder, aber weniger gravierend als nach Sebastians Geburt. Wir bewältigten den Haushalt gemeinsam und ich unterstützte sie trotz meiner „Vollbeschäftigung" und gelegentlicher Dienstreisen so gut ich konnte. Nach dem Ablauf des Mutterjahres nahm sie ihre Tätigkeit als Zahnärztin in der Außenstelle Goethestraße der Stomatologischen Abteilung der Kreispoliklinik auf. Da hatte sie einen komfortabel kurzen Arbeitsweg. 1982 wurde sie dann Chef dieser Einrichtung und blieb es auch bis zuletzt, obwohl sie den massiven Anwerbungsversuchen, Parteimitglied zu werden, standhaft widerstanden hatte. Erst 1991 kündigte sie ihr Arbeitsverhältnis kurz bevor sie sich in eigener Praxis niederließ.

Unsere Freizeit gehörte nahezu ausschließlich den Kindern in der Familie. Ich trieb einige Jahre Sport (Volleyball und „Basket-Handball"), soweit es der Wechselschichtdienst von Gundel zuließ, und war drei Jahre mit unserem Eigenheimbau ausgelastet. Sie arbeitete zudem noch an ihrer Dissertation. Die Wochenenden und den Urlaub verbrachten wir im Häusl bei Gundels Eltern. Zu unserem ersten „echten" Familienurlaub reisten wir mit vollgepacktem Trabant nach Zingst in einen Ferienwohnung genannten halben einstigen Ziegenstall. Den hatte mein Betrieb für seine Mitarbeiter ausgebaut und dauerhaft gemietet. Anschließend begannen die Erdarbeiten unseres Hausbaus. Außer einer Flugreise nach Burgas (Bulgarien) zum Sonnenstrand Nessebar am Schwarzen Meer fuhren wir im Sommerurlaub mit dem Trabant nach Steinbach im Erzgebirge (Ferienheim des Baukombinats mit Selbstverpflegung) und nach Heringsdorf (von Gundel dem Krankenhaus abgetrotzte Reise ins FDGB-Heim „Giuseppe di Vittorio", einst und nun wieder nobles Hotel namens Esplanade). Mit unserem neuen Wartburg 1.3 waren wir dann 1989 in Bad Blankenburg (in einem privaten Ferienzimmer, da sahen wir im „Westfernsehen" erstmals die Zustände in der Budapester DDR-Botschaft) und 1990 in Sosa (Ferienhaus), von wo wir mehrmals ins benachbarte Hof in Bayern zum Einkaufen fuhren. Denn inzwischen war die „Wende" in vollem Gange und wir mussten uns mit den neuen Gegebenheiten arrangieren. 1991 mieteten wir dann eine Ferienwohnung in Dornum und inspizierten Wattenmeer, Wilhelmshaven, Helgoland und mehr nördliches, wieder mit dem Wartburg.

Wie wir unser Haus in Eckartsberg bauten

Unsere Wohnung an der Schillerstraße war nicht das, was wir gewollt hatten. Sie diente von Anfang an für uns nur als Übergangslösung. Doch bald mussten wir erkennen, dass die Suche nach einer komfortableren abgeschlossenen ruhigeren Wohnung, ohnehin nur über die betrieblichen Wohnungskommissionen möglich, aussichtslos war. Uns blieb nur ein eigenes Haus als Ziel. Als Nicht-Handwerker schien uns ein zwar mit überall vollmundig angepriesener Unterstützung des Eigenheimbaus ein Neubau nicht realisierbar. Wir suchten ein altes, zumindest schon fertiges Einfamilienhaus mit Charakter nahe Zittau. Ich wusste von einem ehemaligen Kollegen aus Berlin, dass für die Finanzierung 25 % Eigenmittel nötig waren und der „Rest" mit Zinsen zu 1,5 %/Jahr von der Sparkasse geliehen werden konnte. Immobilienmakler gab es in der DDR nicht, „Beziehungen", Kleinanzeigen in der Zeitung und Verkaufsgerüchte waren die einzigen Möglichkeiten, von Privatleuten ein Haus kaufen zu können. Was einmal Volkseigentum (auch kommunaler Besitz) war, durfte nicht mehr an privat verkauft werden. Um eins der wenigen lukrativen Häuser in städtischem Besitz, wenn ins Heim gezogene Eigentümer beziehungsweise deren entnervte Erben das Haus der Stadt geschenkt hatten oder „Ausreisewillige" ihr Haus verkaufen mussten, mieten zu können, waren wir noch zu jung und neu in Zittau. Was wir hätten teuer kaufen können, waren stark sanierungsbedürftige kleine Häuschen in zweifelhafter Lage. Ein möglicherweise zu erwerbender Neubau in Niederoybin sollte mindestens 180 000 Mark kosten, also das Sieben- bis Achtfache unseres damaligen Jahreseinkommens. Die erforderlichen 45 000 Mark Eigenkapital hätten wir ohnehin nie aufbringen oder zusammenborgen können. Ein 60 000 Mark-Haus in Oybin-Hain haben wir dann wegen unannehmbarer Konditionen nicht genommen.

Ab 1971 forcierte die SED mit Unterstützung der Gewerkschaft die auf ihrem VIII. Parteitag beschlossene Förderung des Wohnungsbaus. Jede zehnte Neubauwohnung sollte allerdings „in Eigenleistung" entstehen, als Eigenheim. Die Kommunen mussten Bauwilligen bei Bedarf kostenlos Land zur Verfügung stellen. Die Erfolglosigkeit unserer Bemühungen um Haus oder Wohnung vor Augen, dachten wir doch allmählich an die Möglichkeit eines selbst zu errichtenden Eigenheims. Gundel arbeitete in der Staatlichen Zahnarztpraxis Niederoderwitz und wir beantragten deshalb beim dortigen Bürgermeister eine Zuweisung von Bauland für ein

Eigenheim. Wir kamen auf eine Warteliste. Mathias, Gundels Bruder, wollte nach dem Studium unbedingt in Zittau arbeiten und hatte deshalb seinen Eigenheimantrag in Eckartsberg gestellt. Es ergab sich, dass Gundel, als sie mit Alexander schwanger ging, nicht mehr in Niederoderwitz arbeitete, sondern in verschiedenen staatlichen Zahnarztpraxen in Zittau. In Oderwitz arbeitete nun eine andere Absolventin und wer wusste schon, wann die beiden ortsansässigen älteren Zahnärzte in Rente gehen und Nachfolgern Platz machen würden. Außerdem war Oderwitz als künftiger Wohnsitz für uns ohnehin nur „2. Wahl" gewesen. Nachdem nun Mathias erfahren hatte, dass an einem künftigen Eigenheimstandort in Eckartsberg nur zwei Doppelhäuser errichtet werden sollten und bislang drei Anträge dafür vorlägen, machte sich die ganze Familie dafür stark, dass wir die vierten Antragsteller sein sollten. Aber ich wollte nicht. Die vermeintlichen Vorteile eines Doppelhauses erwiesen sich, wie ich allenthalben zu hören bekommen hatte, als Ursachen massiver Zerwürfnisse schon beim Bau und beim späteren nachbarschaftlichen Wohnen. Irgendwann gab ich widerwillig nach. Wir zogen unseren Antrag in Oderwitz zurück und stellten einen neuen beim Bürgermeister Hamann in Eckartsberg.

Es soll einiges Hin und Her beim Bauland gegeben haben. Der Kleinbauer und ehemalige Gärtner, der Gartenbaubetrieb bestand von 1900 bis 1986, war einverstanden gewesen, ein Stück seiner kaum genutzten Wiese der Gemeinde zu verkaufen, damit sie darauf die beiden Doppelhäuser errichten lassen könne. Dann war ihm der Kaufpreis zu niedrig und er wollte seine Zusage zurücknehmen. Der clevere Bürgermeister ließ sich aber darauf nicht ein, „angeboten ist angeboten" und überhaupt war die DDR sehr scharf darauf, so viel wie möglich Privateigentum an Grund und Boden in „Volkseigentum" zu überführen. Der Landbesitzer ließ sich nur umstimmen, wenn drei seiner Enkelkinder auch darauf bauen dürften. Es entstanden dann insgesamt zehn Baugrundstücke einschließlich Klärgrube und Trafostation zwischen der Bergstraße und Am Hang. Aber ehe das so weit war ...

Mit Wirkung vom 1. Mai 1982 erhielten wir das unbefristete Nutzungsrecht an einem 609 m² großen volkseigenen Grundstück um es mit einem selbstgenutzten Eigenheim zu bebauen. 1993 haben wir es dann (zu vor der Wende allgemein üblichen 1 DM/m², damals natürlich Mark) mit notarieller Bestätigung erworben.

Nahezu alle Bauwilligen entschieden sich für in dieser Zeit für preiswert angebotene, statisch und preislich geprüfte Einheitstypen.

Das waren die Ziegelbauten EW 65 und EW 74 (auch als Doppelhaus), die Betonplattenbau Typ Kamenz I und II und die Fertigteilhäuser Stralsund G 83, FH 80 vom VEB Fertighausbau Wittenberge und F 108 vom Fertighauswerk Werder. Nachdem ich über letzteres erfahren hatte, dass es einschließlich Montage für 140 000 Mark angeboten würde, konnte ich Gundel, der inzwischen auch Zweifel an den Doppelhaus-Vorteilen gekommen waren, von diesem Typ mit den drastisch geringeren Eigenleistungen überzeugen. Als wir das dann eines Tages den anderen beiden Doppelhausprotagonisten verkündeten, reagierte Mareike hysterisch und Mathias stocksauer. Die wohnten mittlerweile in Görlitz und hatten sich ausgerechnet, dass ich vor Ort die meiste Arbeit in den „gemeinsamen" Bau stecken würde.

Inzwischen wurde ich 1981 zur Reserve einberufen. Dort hatte ich während der unsäglich langweiligen Wachdienste Zeit, einen Brief („Eingabe") an den Vorsitzenden des Rates des Kreises (heute Landrat), Genossen Rudi Kunze zu schreiben und mich über den schleppenden Fortgang, also Beginn des Eigenheimstandortes zu beklagen. In unserer Kompanie dienten auch „Helga" (der dauernd „Gut, Helga" aus dem Schlager „Schmidtchen Schleicher" zitierte) und Johann, der mit Brigitte aus Gundels Klasse verheiratet ist. Über Helga, der damals in den Zittauer Ziegel- und Steinzeugwerken arbeitete, kam ich später günstig an Steinzeug-Rohre und -Formstücke für die Abwasserleitungen und vor allem zu seinem Bruder Werner als Bauleiter. Der arbeitete als Bauingenieur bei der Abteilung Landwirtschaft des Rates des Kreises und war befähigt und lizenziert, nebenberuflich zu planen. Da hatte ich nun einen, der das Typenprojekt an den Standort anpasste, das Kellergeschoss neu entwarf, beim Einmessen half und die Materialbestellung verantwortete.

Der Gemeinde kam beim Zuschnitt der Grundstücke entgegen, dass wir nun doch kein Doppelhaus bauen wollten, da konnte aus der in Planung befindlichen befestigten Verbindungsstraße eine kurze unbefestigte Stichstraße werden. Als wir schon das F 108 fast bestellt hatten, entschied ich mich dann doch für das preiswertere Stralsund 83 G. Das durfte 87 000 Mark kosten, davon 15 000 als Eigenleistung, der „Rest" für Material und Handwerker wie Elektriker und Installateure. Für 45 000 M erhielt man von der Sparkasse einen Kredit mit 1 % Zinsen/Jahr, der erst ab dem Einzug zurückgezahlt werden musste. Reichte das Geld nicht, waren für weitere Kredite 4 % pro Jahr fällig. Wir nahmen später, als der nominelle ausgeschöpft war, einen solchen über 15 000 M. Die dann auch amtlich genehmigte Kostenaufstellung vom Bauingenieur sah etwa so aus:

Baustellenbereich   4.670 M
+ Bauleistungen   79.810 M
+ Sonstiges   470 M
= Summe   89.942 M

Allein die Kosten der Fertigteillieferung für das Haus ab Oberkante Kellerdecke (also Wände mit Türen und Fenstern, Geschossdecke, Dachstuhl, diverse Einbau- und Holzelemente, Verbindungsmaterial) belief sich darin auf:

Fertigteile von Stralsund   25.546 M
Reichsbahn für 1. Waggon   640 M
Reichsbahn für 2. Waggon   180 M
           Summe   26.366 M

Da Mathias sich nun auch für ein Stralsund entschieden hatte, erhielten wir die beiden unteren der drei Baugrundstücke an der Bergstraße. Die Gemeinde hatte für uns das mittlere vorgesehen, was wir auch im innerfamiliären Losentscheid erhalten hatten. Der Kreisarchitekt bestätigte die Materialbedarfslisten und baulichen Entwürfe unseres Bauleiters, weil sowohl die Kosten- und Materialvorgaben als auch seine Verfügungen, dass die Häuser mit dem Giebel zur Straße und parallel zu einer Grundstücksgrenze zu stehen hätten, eingehalten waren. Daraufhin gingen diese Materiallisten als Bestellungen an die Lieferanten VEB Baustoffversorgung, Einkaufs- und Liefergenossenschaften Bauhandwerk und Metall, BHG und andere. Nur von denen gab es offiziell (und auf unseren Kredit) Material. Nach den Lieferzusagen mit Termin wurde die Baugenehmigung erteilt, die Schachtscheine eingeholt und es konnte losgehen. Außerdem erhielten wir eine Urkunde, dass uns die Deutsche Demokratische Republik das noch gar nicht vermessene Grundbuch-Flurstück Nr. 72/5 in Eckartsberg kostenlos für die Bebauung mit einem selbst genutzten Eigenheim zur Verfügung stellt.

Inzwischen war in Berlin beschlossen worden, den Braunkohleabbau im Zittauer Becken zu intensivieren. Der künftige neu zu erschließende Tagebau Zittau-Nord würde bis an die Alte Gasse (Konsum) reichen, die umliegenden Häuser wären einsturz- oder rutschgefährdet, laut Mitteilung vom 3. Juni würden Genehmigungen für Neubauten nicht mehr erteilt! Unser Hausbau war also geplatzt! Wenig später stellte man fest, dass unser Bauland auf einem ziemlich stabilen Granitsockel ruhe (Steinbruch) und deshalb trotz Tagebaus Stabilität wahrscheinlich sei. Wir behielten unsere Baugenehmigung, würden aber mit der Lärmbelästigung vom künftigen nahen Tagebau leben müssen.

Der Bauleiter vermittelte einen Bagger T 174 vom Agrochemischen Zentrum Zittau mit Eigenheim-erfahrenem Fahrer und drei W 50-Kipper zum Abtransport des Aushubs. Die Baugrube musste ausgerechnet am 20. Juni 1983 ausgehoben werden. An diesem Tage feierte mein Betrieb den Tag des Bauarbeiters im „Burgteich". Da durfte ich als Abteilungsleiter und Parteisekretär natürlich nicht fehlen. Der Bagger arbeitete auch ohne mich hervorragend, zügig und äußerst präzise. Unser Bauleiter schickte mich als Fachmann zwecks Heizungsberatung zu „Kuno". Der arbeitete bei der LPG und war gerade dabei, sein auch von unserem Bauleiter betreutes Haus G 83 in Hörnitz zu bauen. Dort traf ich Rainer beim Fliesenlegen. Er war Feuerwehrmann an der Zittauer Offiziershochschule und Chef einer „Feierabendbrigade". Seine Leute hatten sehr oft Nachtschicht und konnten diese fast immer ungestört in der Kaserne verschlafen. Tagsüber verdienten sie gutes Geld beim Bauen. Heute ist dies verpönte Schwarzarbeit, damals in der Mangelwirtschaft hieß es Feierabendbrigade. Als er erfuhr, dass ich bei TGA arbeitete (und ihm einen sonst nicht zu beschaffenden Heizkessel besorgen könnte), sicherte er mir zu, mein Haus mit seinen Leuten zu bauen, allerdings erst ab September. Ich war natürlich einverstanden, zumal ich von mehreren Seiten gehört hatte, dass diese Truppe zwar teuer sei (10 Mark/Stunde und Mann!) aber zuverlässig und gut arbeite. So verbrachte ich den ganzen Sommer mit dem Ausschachten, Einschalen und Betonieren der Streifenfundamente. Als ich dann Strom für den Mischer brauchte, lieferte ein von der Gemeinde empfohlener Elektromeister einen Baustromkasten (mit Steckdosen und Zähler) und schloss ihn an. Weil es kein Wasser gab, legte ich einen Gartenschlauch die Bergstraße hoch und entnahm nach mehreren vergeblichen Versuchen (saugen mit dem Mund!) mein Bauwasser dem nie versiegenden, damals noch offen fließenden Straßengraben am Abzweig zum damaligen Kindergarten.

Mathias hatte mit seinen Görlitzer Beziehungen für uns beide etliches an sägerauem Schnittholz, einen Betonmischer und eine Baubude organisiert. Ich ließ alles mit unseren TGA-LKWs von Görlitz nach Eckartsberg (die Bretter zunächst ins Häusl nach Eichgraben) schaffen. Ich besorgte einen Drehstrommotor (gebraucht 200 M) und eine Welle (neu 108 M), ließ (für 30 M) eine Riemenscheibe drehen und (für 135 M) vom TGA-Schmied ein Gestell für eine Kreissäge schweißen. Wir hätten nicht auf die Profis hören sollen - wir brauchten die Säge nie und verkauften sie schließlich mit Verlust, nachdem sie jahrelang nur im Wege gestanden hatte.

Am 12. September kam dann tatsächlich die Brigade der Feuerwehrleute zunächst mit zwei Mann und zog den Keller hoch. Inzwischen war auch die Materiallawine angerollt. Ich musste nur immer fix Leute zum Abladen auftreiben, wenn eine Lieferung Betonsteine, „Kodersdorfer" oder Hartauer Ziegel kommen sollten. Für die Stahlträger und Hohldielen konnte ich den Autokran mit Fahrer von TGA kriegen. Der Zement wurde lose geliefert! Um den Eigenheimbauern das Anfertigen eines eigenen Silos zu ersparen, richtete die Gemeinde in einer baufälligen LPG-Scheune nahe der Eisenbahnbrücke an der Dorfstraße einen Raum her, in den der Zement geblasen werden konnte. Auf Vertrauensbasis kriegten wir den Schlüssel dafür vom Bürgermeister und konnten uns die jeweils benötigte Menge von unserem Kontingent holen; 11 Schaufeln entsprachen einem Zentner und im hoffnungslos überladenen PKW-Anhänger ging die Fuhre dann zur Baustelle.

Am 5. Oktober bekam ich Post vom Wagendienst des Bahnhofes Zittau: ich solle nach 20 Uhr dort anrufen. Wir hatten ja kein Telefon. Der Waggon mit dem ersten Teil unseres Hauses war angekündigt und würde bald eintreffen. Die Wandelemente (alle 1,2 m breit und 2,8 m hoch), Dachstuhl, Fußböden und dergleichen waren da aber schon, zum Glück während der Arbeitszeit, auf einem großen offenen Waggon am Güterbahnhof Zittau angekommen. Er musste innerhalb vier (?) Stunden entladen werden, sonst wären drastische Standgebühren fällig gewesen. Die eingespielte Entladetruppe von TGA schaffte das spielend zwischen 12 und 15 Uhr. Das größte Problem war die Lagermöglichkeit auf der Baustelle. Ich ließ alles rings um mein Grundstück verteilen. Zum Glück hatte Mathias zwar auch schon die Baugrube ausheben lassen, aber noch nicht mit dem Bau begonnen. Da hinein ließ ich meine Wand-Pakete stellen.

Am 7. Oktober, dem DDR-Nationalfeiertag organisierten wir etliche Helfer und verlegten die Kellerdecke, Hohldielen zwischen Doppel-T-Trägern. Am nächsten Tag erfolgten dann die Betonarbeiten für die Rohdecke.

Als die Kellerdecke tragfähig war, organisierte ich (für 100 Mark) den großen Autokran, der in dieser Zeit das neue LPG-Gebäude an der Löbauer Straße montierte. Der hob innerhalb einer Stunde alles von der benachbarten Baugrube auf meine Kellerdecke. Die Montage konnte trotzdem nicht beginnen, weil das Montagematerial im zweiten Waggon war und der kam und kam nicht. Ich fuhr jeden Abend zum Güterbahnhof und fragte nach. Einmal hatte ich dann zu Hause vergessen, das Licht am Trabant auszuschalten und musste mich am nächsten Morgen von einem Nachbarn anschieben lassen. Der Waggon war immer noch nicht da. Dafür kam ein Milchauto, das auf einer Leerfahrt von einer Dresdner Molkerei meine anthrazitgrauen Beton-Dachziegel aus Langburkersdorf mitgebracht hatte. Das waren neun randvolle Gitterboxen. Die Maurerbrigade, die gerade im Einsatz war, setzte ich zum Entladen ein. Die Leute mussten aber bei mir pünktlich Feierabend machen, damit sie pünktlich zum Dienstbeginn in die Kaserne kommen konnten. So schickten sie mich mit freundlicher Empfehlung (ich nahm noch einem Schein mit) zu einem gefälligen Baggerfahrer, der bei der Goldenen Höhe wohnte. Und der kam tatsächlich mit seinem T 174 angetuckert und hat die restlichen fünf noch vollen Paletten fix vom LKW gehoben. Die Milchkutscher waren schon übellaunig und zogen mürrisch ab. Ich stapelte die ganzen Dachsteine nach und nach ordentlich um die Baubude. Ein anderes Lastauto vom Kraftverkehr holte die leeren Leih-Paletten dann irgendwann ab.

Der Herbst schritt voran und es tauchten langsam Bedenken auf, den Bau noch winterfest zu kriegen. Die Brigade hatte zwar genug andere Arbeit, bei einem Fleischer in Hainewalde beispielsweise, wollte aber auch das Dach noch vor dem ersten Schnee zu haben. Ich erfuhr von einem Eigenheimbauer, der in Hainewalde schon seit Jahren auf seinen Stralsunder Bauteilen hockte und mit dem Bau nicht vorankam. Von dem könnte ich mir das Montagematerial leihen, damit es bei mir vorwärts gehen konnte. Der gute Mann war einverstanden und ich holte die Kiste mit dem PKW-Anhänger. Das Zeug passte aber nicht, weil die Stralsunder die Plattenverbinder geändert hatten. Anstelle einer Holzfeder und eines Gummistreifens gab es nun zwei Federn und einen Blechstreifen zur Abdichtung. Außerdem sollten die massiven Eckpfosten wegfallen und nur noch Stahlwinkel und Bretter als Hausecke dienen. Mir haben sie beides geschickt. Die vier Pfosten habe ich dann passend gesägt und für den Schuppen sachgerecht verwendet.

Am 28. Oktober endlich bekamen wir ein Telegramm mit der Mitteilung, dass unser Waggon in Stralsund beladen worden und auf dem Weg nach Zittau sei. Am 2. November war es so weit, „mein" Waggon stand (natürlich nachts) auf dem Entladebahnhof. Ich trommelte die von mir vorher organisiert „Brigade" zusammen: Rüdiger, der Mann einer Freundin von Gundel und Rolf, einer meiner

Monteure. Der montierte bei TGA meist Heizkessel und fuhr in dieser Nacht den Betriebs-LKW (eine Robur-Pritsche). Gundel packte uns ein paar Schnitten und zwei Kannen mit heißem Kaffee ein. Wir begannen 23.45 und hatten 3.15 Uhr den Waggon leer und alles per Hand bewegte Material auf der Baustelle. Tags darauf kamen endlich auch die aktuellen Montageanleitungen von Stralsund per Post. Somit konnte wenige Tage später mit der Montage der Fertigteilwände begonnen werden. Einige Wände (Küche/Diele und zwischen den Wohnzimmern) und der Schornstein wurden auch gleich mit gemauert. In wenigen Tagen war der Rohbau fertig, auch der Dachstuhl. Die mitgelieferten Dachlatten waren allerdings so knapp bemessen, dass sie selbst für einen leichten Dachüberstand an den Giebeln nicht reichten. Ich holte welche in vier Meter Länge von einem Kollegen aus Eibau trotz extremer Überlänge mit dem Anhänger am Trabant. Eine noch schlimmere Fuhre machte ich von Hagenwerder aus. Nur bei der dortigen BHG am Bahnhof gab es einmal im Monat frei verkäuflich Gehwegplatten aus Beton. Ich lud den ganzen Anhänger und den Trabbi voll damit und fuhr so nach Eckartsberg. Motor, Federn, Bremsen und Kupplung waren hoffnungslos überlastet und mussten gaaanz vorsichtig und vorausschauend bedient werden um überhaupt eine Chance zu haben, heil anzukommen. Es ist aber gut gegangen.

Für ein zünftiges Richtfest war gar keine Zeit; die Maurer hatten offensichtlich auch kein Interesse daran. Aber einen Richtbaum (eine Eiche aus dem nahen Kaiserbusch) haben wir am 8. November doch noch gesetzt und erst am 12. wieder herunter geholt.

Das Einhängen der Dachziegel wäre fast gescheitert, da das geliehene Transportband früh morgens am Sonnabend (10.11.) voller Raureif war und die Dachsteine immer wieder runterrutschten. Irgendwie ging es doch und Montagabend war das Dach zu. Die Temperaturen waren mittlerweile auf unter 8 °C gesunken. In diesem ersten Jahr habe ich dann nur noch die Garagentoröffnung provisorisch geschlossenen und den Bau in Ruhe gelassen. Nur am 21. Januar 1984, als wir zu viert einige Tage im Kurhaus Jonsdorf Familienurlaub machten, wollte die Brigade die Unterhangdecke anbringen. Wir waren so dumm und unterbrachen den Urlaub; Gundel bereitete Essen vor, ich fuhr auf den Bau, arbeitete dort tüchtig mit und die drei von der Familie blieben allein.

Im April des nächsten Jahres verlegte die Elektrofirma Tietze Kabel auf die unverputzten Ziegelwände im Keller, auf die Rohdecken und in die Fugen zwischen den Wandelementen. Nach und nach wurden die Wände verputzt und andere Bauarbeiten erledigt, wie der

Dachausbau mit geeigneten passend gemachten Elementen und die beiden Geschosstreppen. Ich lieh mir vom VEB Bau Zittau Gerüstmaterial und ein Nachbar erstellte damit und mit seinem eigenen zum Glück dazu passenden Material ein Gerüst rings ums Haus. Darauf turnte ich monatelang herum und verschloss die Fugen zwischen den Elementen mit asbesthaltigem „dauerelastischen Morinol-Kitt". Bei schlechtem Wetter vergipste ich die inneren Fugen zwischen den Gipskartonplatten. Schließlich strich ich, solange das Gerüst noch stand, die Fassade weiß an.

Für die Anfertigung der Haustür, Hintertür und der Garagentore hatte ich meinen Cousin Erhard Trenkler in Dittelsdorf gewinnen können. Der wollte auch unbedingt sein eigenes Holz dafür verwenden. Er ließ mich aber ganz schön hängen und brachte die Türen und Tore (für 1500 Mark) erst unmittelbar vor unserem Einzug. Das gleiche machte die PGH Keramik in Löbau, die ich mit dem Liefern und Verlegen von Parkett in Diele und Wohnzimmer beauftragt hatte. Etwas besser klappte es mit der sonst berüchtigten Firma VEB Lausitzer Granit Löbau, die passend geschnittene Granitstufen für die Keller- und Außentreppen rechtzeitig lieferte. Später bekam ich aus Löbau noch Rest- und Randstücke von Natursteinplatten für den Terrassenbelag und die Außentreppe zum Keller.

Die Wandfliesen wurden uns von der BHG zugeteilt: 9 m² zweite Wahl in blassem Graugrün. Angebracht hat sie in Küche und WC ein Maurer nach Feierabend. Der verdiente sich zu seiner Arbeit als Betriebshandwerke im Krankenhaus noch gern etwas dazu (8 Mark/Stunde). Außer Fliesenlegen machte er bei mir noch Fußbodenestrich und verlegte vor allem die Beton-Bossensteine um den Außensockel. In unserem Badezimmer im Keller verlegte ein TGA-Partnerbetrieb (ehemals Baukombinat Zittau) weiße Wandfliesen und braunes Fußbodensteinzeug. Das Material lieferte er sogar selbst, weil die Kollegen dort auch gelegentlich was zu installieren hatten und TGA in solchen Fällen immer großzügig war... Gleichzeitig brachten die Kollegen der Abteilung Fliesen bis September auch Terrazzo-Platten in Vorhaus und Vorratskeller ein.

Der Chef meiner Feierabendbrigade hatte seinen Heizkessel über mich von meinen Betrieb TGA bekommen, ich kriegte meinen offiziell von der ELG (Einkaufs- und Liefergenossenschaft) des Bau- und Baunebengewerbes, von der selbstständige Handwerker und Produktionsgenossenschaften des Handwerks PGHs ihr Material bezogen, da der Haustyp Stralsund mit Zentralheizung projektiert war.

Der traditionell aus Ziegeln zu errichtende Typ EW 65 hatte per Kachelofen-Luftheizung beheizt zu werden. Fast alle Bauwilligen dieses Haustyps besorgten sich aber einen gusseisernen oder (Forster) Stahlkessel, weshalb diesbezüglich großer Engpass herrschte. Die Heizung bauten im Mai 1985 nach meinen Berechnungen einige Monteure meiner Abteilung (natürlich inoffiziell während der normalen Arbeitszeit) in wenigen Tagen ein. Die Kosten hielten sich in Grenzen, umfassten glaube ich, nur Heizkörper, Armaturen und den Warmwasserspeicher; Rohre, Klein- und Hilfsmaterial wurde auf anderen Baustellen „eingespart".

Von der ELG bekam ich auch Badewanne, WC- und Waschbecken geliefert. Die Installation erledigte im Juni ein Sanitärmeister von TGA, der sich kurz darauf in Eckartsberg selbständig machte. Für Kalt- und Abwasser baute er PVC-Rohre ein, für Warmwasser solche aus Kupfer. Die gab es offiziell gar nicht. Einige Rohre verkaufte mir einer meiner (untergebenen) Monteure. Niemand weiß, woher er die hatte. Ein paar Rohre bekam ich vom Bürgermeister. Und das kam so:

Eines Tages hatte ich im Dachgeschoss zu werkeln und da kam der Bürgermeister die Leiter zu mir hochgekrochen, obwohl er damals schon gehbehindert war. Die Kommunalwahlen standen vor der Tür und er brauchte neue Kandidaten für die Gemeindevertreterversammlung, weil einige der bisherigen Gemeindevertreter nicht mehr kandidieren wollten oder konnten. Ich hätte ja schließlich auch was von der Gemeinde gekriegt (Bauland) und könne nun etwas zurückgeben. Außerdem bräuchte ich ja nur „Nachfolgekandidat" werden und so viel wäre da nicht zu tun. Dass ich damals noch gar kein Eckartsberger war, spielte überhaupt keine Rolle. Viel wichtiger war, dass ich als Kandidat für die SED-Fraktion die vorgegebene Quote sicherte. Obwohl der Eckartsberger Bürgermeister Mitglied der Bauernpartei sein musste, hatte die SED natürlich die „stärkste Fraktion" zu stellen. Selbstverständlich wurde ich gewählt. Die Überraschung kam dann bei der ersten, konstituierenden Sitzung. Ich war nun keineswegs nur Nachfolgekandidat, sondern wurde als ordentlich gewählter Volksvertreter gleich Leiter der Kommission Bau- und Wohnungswesen. Die Mehrarbeit bestand darin, dass ich zu den angeordneten Sitzungen und Begehungen der Kommission einladen und ein Protokoll darüber schreiben musste. Außerdem hatte ich im Wechsel mit den anderen Vorsitzenden der verschiedenen Kommissionen die monatlichen Gemeindevertreterversammlungen zu leiten. Das war alles nicht weiter tragisch und brachte zusätzliche

Pluspunkte beim Bürgermeister, die dann auch zum Bezug der raren Kupferrohre beitrugen.

Nach der vorletzten Kommunalwahl der DDR wurde ich im Mai 1989 Ratsmitglied und durfte zusätzlich alle zwei Wochen (während der Arbeitszeit) zur Gemeinderatssitzung zum Bürgermeister. „Mein" Bauressort ging aber an einen anderen, der sonst von gar nichts Ahnung hatte; ich musste mich um Jugend und Soziales kümmern.

Irgendwie gingen die Bauarbeiten voran und das Haus näherte sich der Fertigstellung. Nach der Abnahme des Schornsteins durch den Bezirksschornsteinfegermeister Schnitter im Januar 1986 hatte ich die Heizung in Betrieb genommen und erste Kohlen (Briketts) gekauft. Nun konnte auch im Winter gebaut werden: Holzarbeiten, Antennenanlage, Tapezieren und dergleichen. Allerdings musste ich auch an jedem Tag heizen, wegen Einfriergefahr. Nachdem diese vorbei war, wurde langsam prekär, dass noch immer die Anschlüsse für Strom, Wasser und Abwasser sowie Parkett und Fußbodenbeläge fehlten.

Mitte April trafen wir uns zu einer ersten Abstimmung mit dem VEB Wasserversorgung und Abwasserbehandlung. Der Wassermeister informierte uns über den Trassenverlauf der Abwasserleitung vom Kindergarten bis zur geplanten Klärgrube Am Hang und die Anschlusspunkte an die Trinkwasserleitung. Diese als zusätzliche Verbindungsleitung zwischen Berg- und Geschwister-Scholl-Straße verlegte PE-Leitung quer durch den Eigenheim-Standort dient der Versorgungssicherheit und ist auch mit unserer Hilfe schon zu Baubeginn verlegt worden. Für die Abwassertrasse hat Martin Sedlick, selbst betroffener Eigenheimbauer und Bauingenieur, die Planung vorgenommen.

Ende Mai begannen wir mit Spaten und Schaufel, den Leitungsgraben quer durch unsere Grundstücke auszuheben. Wegen der Hanglage war er wie auch die Sammel- und Fallschächte bis zu vier Meter tief! Das war von uns, die wir ja auch an unseren Häusern genug zu bauen hatten, nicht allein zu schaffen. Einer der Gemeindeabgeordneten war damals Oberstleutnant an der Offiziershochschule Zittau. Er organisierte viele willige Offiziersschüler, die in ihrer ausbildungsfreien Zeit mit gemeindeeigenem Werkzeug halfen, die Gräben auszuheben. Das stellte für sie nicht nur willkommene Abwechslung in der langweiligen Garnisonsstadt dar, die vier Mark pro Stunde waren überdies sehr willkommen. Am 21. Juni waren die 400er Steinzeug-Rohre verlegt, die Muffen verstemmt und die Schächte montiert. Die Gräben wurden

127

aber nur teilweise verfüllt, damit der Wassermeister im Juli im gleichen Graben aus damals sehr rarem 32er PE-Rohr nach Feierabend die Trinkwasserleitungen verlegen konnte. Die 64 m³-Dreikammer-Klärgrube Am Hang haben übrigens auch die Mannen meiner Feierabendbrigade gebaut. Nach Fertigstellung der Kläranlage konnte mein Abwasser-Anschluss endlich am 8. August erfolgen. Die ersten Bewohner am Standort hatten zu diesem Zeitpunkt ihre Häuser schon bezogen und sich derweilen mit „Herzhäuschen" und dem nahen Kaiserbusch beholfen. Dixi und toitoi gab es damals noch nicht.

Die Zittauer Malerfirma Günter Just besorgte Juni/Juli den fachmännischen Innenanstrich mit Vliesbahnen auf dem Gipskarton-Wänden und Raufasertapeten überall. Jeder Raum wurde in einer anderen Farbe gestrichen. Die geputzten massiven Kellerwände und die Blendrahmentüren im Keller versah übrigens Malermeister Wilczeck mit dezentem Acryllack-Anstrich. Die Fein- und Objektmontagen der Elektro- und sanitären Installationen erledigten die Firmen bis zum 1. August. Anfang Juli schon hatte ich die Eichgrabener Firma Pech gewinnen können, im Obergeschoss Spannteppich (PVC-Bahnen auf Filz) und im Erdgeschoss PVC-Belag zu verlegen. Vom 18. Juli bis 8. August kam endlich einer von der Löbauer PGH Keramik und legte das eichene Stäbchenparkett auf Olbersdorfer Spanplatten in Diele und Wohnzimmer. Der anhaltend beißende Gestank des dann sehr strapazierfähigen Versiegelungslacks verhinderte zunächst zuverlässig das Betreten des Hauses für ganze zwei Wochen. Die nutzte ich für ein paar Außenarbeiten und in Zittau zur Vorbereitung des Umzugs.

Was noch fehlte, war der Elektroanschluss. Hierfür war eine neue Trafostation neben der Klärgrube vorgesehen. Die Bauhülle dafür errichtete natürlich wieder meine Brigade. Es fehlte aber wohl an Kabel, Transformator und Montagekapazität. Um die staatliche Vorgabe bei der planmäßigen Fertigstellung der Eigenheime zu sichern, mussten (oder durften) wir mit dem provisorischen Anschluss, der als Baustromversorgung vorgesehen und genutzt worden war, einziehen. Das haben wir dann am 18. August mit Hilfe der Zittauer Spedition Richter und etlicher Studenten, die ich vom Studentensommer genannten Arbeitseinsatz losgeeist und umgeleitet hatte, vollbracht. Wie sich dann herausstellte (oder herausgestellt wurde?), war unser Haus das fünfzigste in Eckartsberg seit dem omnipräsenten Wohnungsbau-Beschluss des VIII. Parteitag der SED. Das war dem Bürgermeister eine Extra-Gratulation samt Blumenstrauß in unserem neubezogenen Heim wert.

Überraschungen und Wenden

Im Jahre 1988 war schon eine veränderte Stimmung im Lande spürbar. Die Anträge von DDR-Bürgern auf dauerhafte Ausreise in die BRD häuften sich und die Drangsalierungen gegen diese „Verräter am Sozialismus und der Arbeiterklasse/werktätigen Bevölkerung" nahmen merklich ab. In den Betrieben und auch den Parteiveranstaltungen kamen vermehrt kritische Äußerungen zur Sprache, ohne dass die meist durchaus „überzeugten Genossen" abgeschossen oder diffamiert wurden, wie noch kurz davor üblich. Wir haben im Kollektiv an der Hochschule oft und intensiv über die neue Lage diskutiert, dabei fast die Arbeit vergessen. Weil wir aber alle hier kein „Westfernsehen" hatten, waren wir auf Erfahrungsberichte von heimgekehrten Urlaubern und Informationen um vier Ecken angewiesen. Dann kursierten Flugblätter - Schreibmaschinen-Durchschläge, Ormig-Abzüge und dergleichen - mit Hinweisen vom und über das Neue Forum aus Großhennersdorf. Schließlich fanden auch in Zittau Protestveranstaltungen statt. An einer Kundgebung auf dem Platz der Jugend (Markt) nahm ich teil und lauschte den teils leidenschaftlichen, teils ermüdenden Worten der Redner. Interessant war zu beobachten, wer schon oder immer noch nicht bereit war, sich an den inzwischen landesweiten Protesten zu beteiligen.

Die Ereignisse von November (Grenzöffnung, Modrow-Regierung) über Frühjahr (Treuhandanstalt, letzte Volkskammerwahl) und Sommer (Währungsunion) bis zum Oktober (Einheit) waren schon aufregend, sind aber doch sattsam bekannt.

Für uns bedeute das direkt und vor allem eine drastische Umstellung der Arbeitswelt. Die erst 1988 zur Hochschule für Technik beförderte Zittauer Alma Mater sortierte sich 1992 in Struktur und Personal als Fachhochschule für Technik und Wirtschaft neu. Wichtigstes Problem schien die Wahl eines „unbelasteten"(!) Professors zum Rektor. Probleme und Reduzierung des Personals wurden gelöst, indem allen Mitarbeitern gekündigt wurde. Gleichzeitig wurden Anforderungsprofile für noch verfügbare Arbeitsplätze erstellt, auf die sich jeder, nun bald arbeitsloser beziehungsweise arbeitsuchender, Mitarbeiter bewerben könne und die den Wunschkandidaten „auf den Leib geschrieben" waren. Für mich war nichts ideal Passendes dabei. Mir fiel auf die Füße, dass wenige Jahre vorher ohne Dringlichkeit zwei Fachingenieure eingestellt und mir unterstellt worden waren. Meine bisherigen Aufgaben passten zum Immobilien-Ingenieur; der Elektroingenieur wurde im Staatlichen Hochbauamt Bautzen gebraucht. Für mich kam nur die befristete Stelle als Investitionsvorbereiter in Aussicht, weil der bisherige sich umgehend mit einem Ingenieurbüro selbstständig gemacht hatte. Im Übrigen konnte ich mich mit anderen Fachingenieuren aus der Verwaltung beim zum Sächsischen Finanzministerium gehörenden Staatlichen Hochbauamt bewerben, das in naher Zukunft alle Aufgaben der technischen Verwaltung zu übernehmen hatte. So dramatisch sah ich die Situation ohnehin nicht und brachte bei einem informellen Kadergespräch sogar zum Ausdruck, dass ich nicht erpicht darauf wäre, künftig täglich nach Bautzen zum dort befindlichen Hochbauamt auf Arbeit fahren zu müssen. Ich sah meine aktuelle Hauptaufgabe in der Unterstützung von Gundel bei der Gründung ihrer eigenen Praxis. Außerdem hoffte ich, dass ich nach Beendigung meiner Arbeit an der Hochschule und der Überwindung der Praxis-Geburtswehen immer noch als beratender Ingenieur mein eigenes Büro gründen könne.

Meine dienstlichen Aufgaben waren marginal – ich konnte mich gut um Gundels Praxis, die beiden Jungs und den Haushalt kümmern sowie erste Erfahrungen mit PC und Internet sammeln. 1995 lief mein Arbeitsvertrag aus und ich war ein paar Monate arbeitslos. Dann erhielt ich als eine Art Arbeitsbeschaffungsmaßnahme Arbeit im Forschungsverein Umweltschutz e.V., der in der Hochschule ansässig war. Meine kleine Abfindung nach elf Jahren Betriebszugehörigkeit, das Überleiten und Beenden des Arbeitsverhältnisses war als „betriebsbedingte Kündigung" eingestuft, musste ich allerdings nach längerem Streit wegen vermeintlicher Zugehörigkeit dieses Vereins zum Öffentlichen Dienst teilweise wieder zurückzahlen. Der Verein war nicht in der Lage, mir eine rechte Aufgabe zuzuweisen. So musste ich nach zwei erholsamen Jahren wieder in die Arbeitslosigkeit abtauchen. Später habe ich dann noch ein Jahr an der Fakultät Bauwesen auf ABM-Basis geforscht, die erhofften Drittmittel für die Bearbeitung von Grundlagen zur Planung und Konstruktion effektiver Haustechnikzentralen mit hohem Vorfertigungsanteil konnten nicht beschafft werden und mein Arbeitsverhältnis lief erfolglos aus.

Meine Brötchen als Freiberufler im eigenen Ingenieurbüro verdienen zu können, stellte sich als ziemlich aussichtslos dar. Nicht nur, dass inzwischen auch hier etliche Berufskollegen als beratende Ingenieure TGA-Anlagen planten, für die meisten Neubauten brachten die in der Regel westlichen Investoren auch die Pläne aus dem Westen mit. Ich habe noch „nach Feierabend" auch für einen hiesigen Architekten ein paar Projekte bearbeitet, zum Lebensunterhalt reichte es aber nicht. Dazu kam, dass für ein richtiges Büro einiges an technischer Ausstattung, Hard- und Software unumgänglich war. Ich habe mir zwar etwas Rechentechnik (Desktop-PC, Monitor und Nadeldrucker) und ein von diversen Herstellern gesponsortes DOS-Programm angeschafft, letzteres später auch noch auf Windows aufgerüstet, für auskömmliches Planen reichte es allerdings nicht. Überdies hatte ich für unbedingt erforderliche Akquise als Einzelkämpfer weder Zeit noch Ambition. Da musste ich mich von meinem Traum verabschieden. Ich habe nur noch erfolgreich versucht, die entgangene Abfindung in Form von Fördermitteln für ein geplantes „Ingenieurbüro für Technische Dokumentation und Autorendienste" zurück zu holen. Davor waren natürlich ein anerkannter geförderter Weiterbildungslehrgang erfolgreich zu absolvieren und ein vom Steuerberater geprüfter und vom Arbeitsamt genehmigter Plan als Gründungskonzept zu erstellen.

Für Gundel als Zahnärztin gab es beruflich keine Alternative: sie konnte sich nur in eigener Praxis niederlassen. Noch ein wenig verunsichert wegen dieser ungeahnten Perspektive plante sie eine Praxisgemeinschaft mit einer älteren Kollegin in deren bisheriger staatlichen Zahnarztpraxis. Zum Glück wollte diese sich dann doch nicht mehr niederlassen, sondern gleich in Rente gehen. Gundel musste neue Räume für eine Einzelpraxis suchen. Die fand sie mit Unterstützung eines Rathausmitarbeiters und ging eilig daran, die verlorene Zeit aufzuholen. Andere Kollegen arbeiteten inzwischen schon in eigenen Praxen. Nachdem eine Wohnung auf der Zittauer Dr.-Friedrichs-Straße zum Gewerberaum umgewidmet worden war, haben wir noch erforderliche Genehmigungen eingeholt, Fördermittel beantragt, ein Dentaldepot mit Planungen und Lieferungen beauftragt und den Umbau der Räume in Angriff genommen. Die Kosten dafür in Höhe von rund 100 000 DM hat die Bank übernommen und mit unverschämt hohen Zinsen zurückbekommen. Gundel war einverstanden, dass ihr Arbeitsvertrag als Leiterin der Praxis Goethestraße gekündigt wurde, denn als Angestellte oder Selbstständige hätte sie bestimmte Fördermittel nicht beantragen dürfen. Der geplante Eröffnungstermin konnte wegen Lieferproblemen nicht eingehalten werden, er war dann am 7. Oktober 1991, kurz vor Gundels 40. Geburtstag. Ihre größten Sorgen bei aller Ungewissheit über die neue Situation stellten sich als unberechtigt heraus: sie hatte von Anfang an immer viel zu tun, weil ihr fast alle Patienten, die sie bereits auf der Goethestraße behandelt hatte, folgten und weil sie auch die „Verwaltung" (Abrechnung, Personal, Gesetze, Kosten und dergleichen) sorgfältig und in vollem Umfang erledigte.

Wesentliche Änderungen ergaben sich aus den neuen Regeln im Grundstücksverkehr. Nachdem die DDR 1975 das Bürgerliche Gesetzbuch außer Kraft gesetzt und stattdessen ein eigenes Zivilgesetzbuch (ZGB) beschlossen hatte, mussten nun die damit verbundenen Änderungen wieder zurückgenommen werden. Weil in der DDR das Ziel galt, alles Eigentum an Grund und Boden früher oder später in Volkseigentum zu überführen, wurden das Eigentum von Boden und darauf errichteten Gebäuden getrennt; die Pflicht, den Immobilienverkehr grundsätzlich notariell beglaubigen zu lassen war nicht vorgeschrieben oder wurde zumindest nicht befolgt. Da stellte sich plötzlich heraus, dass das geliebte Häusl in Eichgraben von Gundels Eltern ohne Grund und Boden erworben worden war. Die Eigentümer, einst stramme Genossen, wollten nun, ganz im marktwirtschaftlichen Sinne, entweder das Grundstück an die Schwiegereltern teuer verkaufen oder durchsetzen, dass sie das Häusl abreißen, damit sie es jemanden anderen unbebaut gut verkaufen könnten. Mit Hilfe eines Rechtsanwaltes einigte man sich – die Schwiegereltern verzichteten sowohl auf den Erwerb des Grundstücks als auch auf das Eigentum am einst teuer erworbenen Häusl. Sie brauchten es auch nicht abreißen lassen. Es steht noch heute und dient den jetzigen Eigentümern als Datsche.

Wie schon vorn erwähnt konnten wir recht preiswert unser Grundstück in Eckartsberg nun rechtskräftig vom volkseigenen in Privateigentum überführen. Das gemeinsame Eigentum (der Eheleute) an unserem Haus wurde mit notarieller Bestätigung nun mit dem Grundstück verbunden und wir beide wurden Eigentümer je einer Hälfte des Hauses.

Am besten haben unsere Söhne die Wende verkraftet. Sie gingen ja beide noch in die Schule und die Umstellung von der „Zehnklassigen Allgemeinbildenden Polytechnischen Oberschule" zur Grund- oder Mittelschule war wohl nicht so gravierend. Auch, dass Sebastian nun schon vor der 10. Klasse und nicht mehr an die EOS sondern ans Gymnasium gehen konnte, bedeutete ja keine Änderung sondern normaler Neuanfang. Für Alexander gilt das sinngemäß auch.

Meine Begeisterung für alles, was mit Autos zu tun hat, bekam natürlich mit der Wende Lesestoff und Augenschmaus in ungeheurer Menge. Begonnen hat meine Autoleidenschaft wohl als ich allein mit dem Bus zum Kindergarten fahren konnte. Manchmal fuhr ein gewaltiger alter Büssing VI GLn mit riesiger Motorhaube hinter einem mächtigen Messing-Kühlergrill. Außerdem hatte der Koloss massive Stoßstangen mit großen Peilstangen darauf, richtig winkende

Fahrtrichtungsanzeiger („Winker") in Kellenform, dem gelben Dreieck auf dem Fahrerhaus bei Anhängerbetrieb und zwei Hinterachsen. Das hat mich schon beeindruckt.

In unserem Dorf gab es noch einen privaten Lebensmittel-Händler. Der hatte seinen kleinen Laden nicht nur der übermächtigen Konkurrenz von Konsum und HO entgegen gehalten, sondern besaß auch ein motorisiertes Transportfahrzeug. Bei diesem skurrilen Dreirad befand sich die kleine niedrige Ladefläche vor dem Fahrer. Dieser musste hinter einer steil aufragenden geraden Spritzwand auf einem harten Bänkchen sitzen, unter dem der Motor und das einzige Hinterrad arbeiteten. Das Lenkrad war senkrecht an der Trennwand angebracht. Dach und Türen gab es nicht. Solche volkstümlich „Vorderlader" genannten Fahrzeuge wurden als BMW F79 in Eisenach gebaut; Elsners Vehikel war aber wohl ein billigerer Tempo T 6 mit knatterndem ILO-Zweitakter vom Borgward-Vorgänger aus Bremen. Einmal ist es mir gelungen, von Herrn Elsner ein Stückchen in Richtung Zittau mitgenommen zu werden. Es war derart laut und unbequem, dass ich mir so eine Fahrt nie mehr erbettelt hatte.

Ein anderes Dreirad fuhr unser Kohlenhändler Kurt Schön vom Niederviebig. Das war ein ordentliches Tempo-Dreirad, ein „Boy" Hochladerpritsche. Der Kohlenmann musste also bei seinen Kunden die lose geschütteten Briketts mit der Schaufel entladen. Das konnte natürlich dauern, vor allem wenn die Kunden dem Händler danach etwas Gutes tun wollten und er Zeit bis zur nächsten Fuhre hatte. Das musste ich mal leidvoll feststellen, als er meinem Bitten nachgegeben und mich bis ins Oberdorf mitfahren ließ. Das Fahren war zwar viel besser als auf dem Vorderlader, aber das ewige Warten und Frieren in dem kleinen Führerhaus bis Schön-Kurt endlich seinen Kaffee (?) getrunken und alle Gespräche geführt hatte…

Mein eigener Fuhrpark begann mit einem gebrauchten 20"-Kinderfahrrad. Damit fuhr ich in Begleitung meiner Mutter bis nach Dittelsdorf. Später durfte ich das Vorkriegsfahrrad Helos meines Vaters nutzen.

Nachdem ich als Lehrling ab 1964 etwas Lehrlingsentgelt bekam, kaufte ich mir 1965 von meinen Ersparnissen einen neu erschienen Simson „spatz". Einmal im Monat war Freitagnachmittag Mopedprüfung im Volkspolizei-Kreisamt für Anwärter, die keinen Lehrgang besuchen wollten oder konnten. Dazu zählte ich mich. Wir hatten aber freitags bis 16 Uhr Physikunterricht. Ich war nicht schlecht in Physik und konnte den Lehrer Herrn Schmidt überzeugen, ausnahmsweise mal eine Stunde früher gehen zu können. Das VPKA lag gegenüber der EOS und ich schob meinen Spatz, den ich schon früh in die Schule geschoben hatte, auf den Hof. In einem Raum unter dem Dach war die Prüfung in vollem Gange. Dietrich aus der Parallelklasse saß auch da und wartete auf die mündliche Prüfung. Erschüttert musste ich von ihm erfahren, dass der praktische Teil, eine Runde auf dem Hof fahren, vorbei sei und eine Wiederholung nicht geplant war! Ditti meinte aber, der Prüfer, ein Verkehrspolizist, wisse sowieso nicht mehr, wer alles gefahren wäre, ich solle ruhig da bleiben und so tun, als wäre ich gefahren. Als letzter kam ich dran. Ich löste meine Vorfahrtsfrage, behauptete, auch die Moped-Elektrik hätte eine Sicherung und bekam die schriftliche Bestätigung über die bestandene Prüfung. Nun musste ich hurtig zur Verkehrspolizei eilen, die nebenan im ehemaligen Haftgebäude am Kreisgericht saß, um gegen eine geringe Gebühr auf die Bestätigung meinen „Berechtigungsschein zum Führen eines Kleinkraftrades" erhalten zu können. Anschließend bin ich gleich und erstmals mit amtlicher Erlaubnis auf der Straße mit dem Moped nach Hause gefahren.

Als Student besuchte ich in Dresden die Fahrschule beim Kraftverkehr in der Tharandter Straße um Fahrzeuge der Klassen 1 (Motorrad) und 4 (PKW, LKW bis 3,5 t und Einachs-Anhänger) führen zu dürfen. Die Theorie (Unterricht und die Prüfung) galt für beide Klassen. Für die Praxis galt: bevor wir mit dem Auto auf die Straße durften, mussten drei „Fahrten" mit dem Fahrsimulator absolviert werden. Erst wenn die Simulation ohne Hilfe absolviert war, durfte man mit richtigen Autos auf echte Straßen. Am schnellsten ging es, wenn man als Fahrzeug einen alten Wartburg 311 wählte, denn die meisten Fahrschüler wollten auf einem Auto Fahren lernen, was in der Familie schon vorhanden oder zumindest bestellt war. Mir war das egal, ich hatte ja absehbar kein eigenes Auto. Die Prüfung Klasse 4 fand am 19. März 1970 statt. Das war der Tag, an dem Willi (Stoph) Willy (Brandt) in Erfurt begrüßte. Ich leistete mir zwar einen kleinen Fehler, indem ich ohne anzuhalten vom Parkplatz an der Kreuzkirche fuhr, bestand aber dennoch.

Im April konnten dann bei besserem Wetter die Motorradfahrten aufgenommen werden. Hier musste man zunächst in den „Verkehrsgarten". Ich bekam eine MZ RT 125 und fuhr damit erst die dort angelegten Wege lang und dann auch auf der Straße. Der Fahrlehrer saß im Seitenwagen einer MZ BK 350, die von einem Fahrschüler gelenkt wurde. Eines Tages war ich mit dieser Aufgabe dran. Der Fahrlehrer hatte der bei mir aber übersehen, dass ich noch nie mit Seitenwagen gefahren war. Es war früh am Morgen die erste

Stunde, die Sonne blinzelte durch den Frühnebel und ich kriegte die BK nicht in Gang. Erst als mich der Lehrer fragte, ob ich denn auch beide Vergaser geflutet hätte (hatte ich natürlich aus Unkenntnis nicht) und ich das schnell und unauffällig nachgeholt hatte, sprang der Boxermotor an. Aber ich hatte keine Ahnung vom Gespannfahren. Die ersten Meter waren eine Katastrophe - ich fuhr mehr abseits über die Wiese als auf den Wegen. Der Fahrlehrer drohte schließlich, ich müsse „noch eine Stunde" Verkehrsgarten fahren, wenn es nicht besser ginge. Plötzlich ging es besser und ich chauffierte ihn anschließend problemlos durch Dresden. Die praktische Motorradprüfung fand dann auf einem großen Platz statt und umfasste nur diverse Fahrübungen, um die sichere Beherrschung des Krads dokumentieren zu können.

1971 erwarb ich eine sehr alte MZ ES 250/0, weil der spatz nur einen Sitz, ich aber inzwischen eine Freundin hatte, die ich gern mitnehmen wollte. Leider hatte das Teil etliche Macken. Weil Gundel ohnehin nicht scharf auf Motorradfahren war, habe ich es bald wieder verkauft. Jung verheiratet erwarben wir 1976 in Berlin einem 13 Jahre alten Trabant 600, weiß mit rotem Dach. Nach genau zehnjähriger Wartezeit konnten wir in Zittau 1978 endlich unseren delphingrauen Trabant 601S in Empfang nehmen. Für die Transporte beim Hausbau war ein PKW-Anhänger unerlässlich. Ich besorgte von einem alten Trabant 500 Hinterradaufhängungen und zwei Räder mit runderneuerten Reifen – damit baute mir ein Eckartsberger einen HP 400 mit hölzerner Pritsche. Im Januar 1989 durfte ich beim IFA-Vertrieb in Dresden auf Gundels Bestellung von 1973 einen atlasweißen Wartburg 1.3 abholen. Dem alten VW-Vergasermotor gewöhnten wir mit einem ungeregelten zu 100% geförderten Katalysator die Umweltverschmutzung ab. Nach kapitalem Motorschaden und nicht mehr zeitgemäßen Bremsleistungen unseres Trabbi gönnten wir uns 1992 einen hübschen Renault Clio 1,2 RN in sienarot. Die Inzahlungnahme unseres inzwischen coconbeige-braun lackierten Trabants deckte zumindest die Überführungs- und Zulassungskosten.

Nachdem Gundels Praxis immer besser lief und wir etwas komfortabler und sicherer reisen wollten, erwarben wir 1993 den kleinsten BMW, der auf dem Markt war: einen 316i (Baureihe E36 in mauritiusblau metallic). Später ersetzten wir unsere ersten „Westwagen" durch einen Mazda 2 und einen BMW 325i touring (E91 mit fabelhaftem Sechszylinder-Reihenmotor!). Die beiden dunkelgrauen Autos laufen noch heute, nach zehn Jahren ganz wunderbar.

Nachwort

Die Philatelisten sind glücklich, habe ich mir sagen lassen, wenn sie ein abgeschlossenes Sammelgebiet vorfinden, wie die DDR eines war. Es gab vor der Staatsgründung dazu nichts und es konnte nach dem Ende dieses Staates und seiner Postverwaltung nichts Neues mehr kommen. Mit meinen aufgeschriebenen Erinnerungen verhält es sich ähnlich. Allerdings sind hier Reflexionen auf die Jahre davor und danach unerlässlich, weil sie zum Verständnis für die Verhältnisse und das Leben in und nach der DDR dienen. Wenn ich an meine Kindheit denke, waren vor allem die Ergebnisse aus den schrecklichen Jahren vor meiner Geburt mit Krieg und Vertreibung allgegenwärtig. Für meisten derjenigen, die das Leben und „die Zustände" in der DDR gar nicht oder allenfalls unbewusst erlebt haben, sollen meine Erinnerungen daran Verstehen und Erkennen fördern. Bei manchen Vorgängen ist es auch interessant, die gelegentlich sogar finale Entwicklung nach der Wende zu erwähnen.

Allerdings muss ich auch gestehen, was der Leser der vorangegangenen Zeilen bemerkt haben wird, das Leben in der Deutschen Demokratischen Republik war bei weitem nicht so langweilig, wie ich beispielsweise als Oberschüler befürchtet hatte: der Sozialismus war dabei, den Kapitalismus zu besiegen – die paar Schwierigkeiten beim Aufbau des Kommunismus werde man mit links erledigen – und ich werde als Ingenieur womöglich zeit Lebens am Reißbrett stehen. Mein Leben wurde doch trotz aller Widrigkeiten recht abwechslungsreich und interessant, auch sehr schön und lustig.

Eckartsberg im März 2018